视频广告

SHIPIN GUANGGAO

崔恒勇　张雯　著

知识产权出版社
全国百佳图书出版单位
—北京—

图书在版编目（CIP）数据

视频广告 / 崔恒勇，张雯著 .—北京：知识产权出版社，2021.6
ISBN 978-7-5130-7502-2

Ⅰ.①视… Ⅱ.①崔…②张… Ⅲ.①影视广告—研究 Ⅳ.① F713.851

中国版本图书馆 CIP 数据核字（2021）第 072268 号

内容提要

网络媒介的兴起不仅改变了视频广告的呈现方式，更是从本质上改变了视频广告的生产与传播方式。本书通过对营销学、影视艺术制作、媒介推广的整理总结，系统地研究和分析了我国视频广告的发展历程及视频广告的传播受众、视频广告策划、视频广告的传播等问题，力求梳理出新的网络媒介环境下视频广告的策划、制作、推广和效果评估等流程体系。

责任编辑：田 姝　　　　　　　　　责任印制：孙婷婷

视频广告
SHIPIN GUANGGAO
崔恒勇　张雯　著

出版发行：知识产权出版社 有限责任公司		网　　址：http://www.ipph.cn	
电　　话：010-82004826		http://www.laichushu.com	
社　　址：北京市海淀区气象路 50 号院		邮　　编：100081	
责编电话：010-82000860 转 8569		责编邮箱：laichushu@cnipr.com	
发行电话：010-82000860 转 8101		发行传真：010-82000893	
印　　刷：北京九州迅驰传媒文化有限公司		经　　销：各大网上书店、新华书店及相关专业书店	
开　　本：787mm×1092mm　1/16		印　　张：12.75	
版　　次：2021 年 6 月第 1 版		印　　次：2021 年 6 月第 1 次印刷	
字　　数：200 千字		定　　价：58.00 元	

ISBN 978-7-5130-7502-2

出版权专有　侵权必究
如有印装质量问题，本社负责调换。

前　言

互联网媒介在我国经历了二十多年的迅猛发展，已经不再局限于传统的PC端，开始向移动端发展。根据中国互联网络信息中心（CNNIC）发布的第47次《中国互联网络发展状况统计报告》显示，截至2020年12月，我国网民规模达9.89亿，互联网普及率为70.4%；其中，网民通过手机接入互联网的比例高达99.7%。由此可见，移动端已经成为网民入网的主要途径。正是因为拥有如此庞大的用户群体，所以广告主们的目光开始关注这一市场群体。受制于手机网民时间的碎片化、注意力的分散化，广告主需要一种能够在短时间内吸引受众目光，传达品牌理念、宣传产品功能信息的广告形式。视频广告作为一种能在短时间内以动态展示信息并具有较强视觉冲击力的传播形式开始走进广告主的视野。

伴随着大数据技术的发展，新媒体传播拥有传播速度快、信息承载量大、信息传播精准等优点，借助新媒介传播的视频广告，在过去两年中涌现出依云矿泉水、999感冒灵、滴滴等一大批具有极大营销效果的视频广告。这些视频广告或是感人或是搞笑，但无一例外都向大众传播了产品的功能和企业的品牌理念，在短短几分钟内让观众记住了自己的品牌。本书系统地研究和分析我国视频广告的发展历程、传播受众、策划、传播等问题。

虽然科学技术的不断更新，给我国视频广告行业和从业人员提供了新的发展机遇，但如何利用日新月异的科技力量不断地拓展视频广告的发展空间，如何在新旧媒体中发挥更大的传播效应等一系列问题是摆在视频广告人面前急需解决的难题。

本书通过对营销学、影视艺术制作、媒介推广的系统化整理，对视频广告策划、制作、推广、效果评估的理论体系进行探索。本书第一章对视频广告的发展进行概述，让读者对我国视频广告发展有初步认识；第二章对视频广告策划进行讲解；第三章、第四章、第五章则是对视频广告的实操进行介绍；第六章则是对视频广告推广及推广效果的调研方法进行探究。在此衷心感谢北京印刷学院余易琳、王佳琪、郭兴、赵建国、张晨曦、郭时蔚、陈子奇、陈博雅、杨艺、李文静、刘茜锾、宋玉等同学对本书的编撰给予的帮助。本书在编撰中不可避免地有一些疏漏或不当之处，热切希望读者予以批评、指正，使之在今后的修订中趋于成熟、完善。

崔恒勇

2020 年 9 月

目 录

第一章　视频广告概述 1

　　第一节　视频广告的演变 3
　　　　一、传统影视媒体时期 3
　　　　二、传统互联网媒体时期 5
　　　　三、移动互联网媒体时期 8
　　第二节　视频广告的分类 10
　　　　一、按时间划分 10
　　　　二、按内容划分 12
　　　　三、按媒介划分 15
　　　　四、按传播方式划分 17
　　第三节　视频广告的特点 19
　　　　一、生产的数字化、自主化 19
　　　　二、传播的网络化、"病毒化" 21
　　　　三、互动的实时化、延伸化 23
　　第四节　视频广告的作用 24
　　　　一、营销的作用 24

二、推广的作用 ··· 26

三、渠道的作用 ··· 28

四、聚众的作用 ··· 29

第二章 视频广告策划 ··· 33

第一节 视频广告的品牌策略 ····································· 35

一、品牌有无策略 ··· 35

二、品牌归属策略 ··· 36

三、品牌统分策略 ··· 38

四、品牌扩展策略 ··· 40

五、多品牌策略 ··· 42

六、品牌重新定位策略 ··· 43

第二节 视频广告的营销策略 ····································· 44

一、情感营销类策略 ··· 44

二、体验营销类策略 ··· 45

三、植入营销类策略 ··· 47

四、口碑营销类策略 ··· 48

五、事件营销类策略 ··· 50

六、饥饿营销类策略 ··· 51

七、会员营销类策略 ··· 52

第三节 视频广告的媒介策略 ····································· 53

一、电视媒体类策略 ··· 53

二、电影媒体类策略 ··· 55

三、社交媒体类策略 ··· 57

四、视频媒体类策略 ··· 59

五、流媒体类策略 ································ 60

第四节　视频广告的定位策略 ······················ 61
　　一、视频广告的品牌诉求 ························ 61
　　二、视频广告的营销诉求 ························ 64
　　三、视频广告的推广诉求 ························ 67
　　四、视频广告的观感诉求 ························ 68

第三章　视频广告创意 ································ 69

第一节　视频广告剧本创作 ······················ 71
　　一、视频广告剧本概述 ·························· 71
　　二、视频广告剧本构思 ·························· 73

第二节　视频广告创意风格 ······················ 78
　　一、纪实风格 ································ 78
　　二、怀旧风格 ································ 81
　　三、超现实风格 ······························ 83
　　四、音乐风格 ································ 85
　　五、抽象风格 ································ 87

第三节　视频广告创意手法 ······················ 89
　　一、对比手法 ································ 89
　　二、实证手法 ································ 90
　　三、夸张手法 ································ 91
　　四、比喻手法 ································ 93
　　五、拟人手法 ································ 94
　　六、幽默手法 ································ 95
　　七、写意手法 ································ 97

· v ·

　　　　八、名人效应 ··· 98

　第四节　视频广告分镜头脚本 ··· 99

　　　　一、分镜脚本的概念 ·· 99

　　　　二、分镜脚本的主要作用 ··· 100

　　　　三、分镜脚本绘制的名词解释 ·· 102

　　　　四、分镜脚本的制作流程 ··· 103

　　　　五、分镜脚本的分类 ·· 104

第四章　视频广告拍摄 ··· 107

　第一节　视频广告拍摄器材 ··· 109

　　　　一、拍摄设备 ··· 109

　　　　二、镜头 ··· 109

　　　　三、灯光 ··· 114

　　　　四、辅助设备 ··· 114

　第二节　摄影设备操作 ··· 116

　　　　一、光圈 ··· 116

　　　　二、快门 ··· 118

第五章　视频广告后期制作 ·· 125

　第一节　视频广告剪辑 ··· 127

　　　　一、配置与软件 ·· 127

　　　　二、后期剪辑基本概念 ·· 136

　第二节　视频广告的后期剪辑 ··· 138

　　　　一、视频广告的剪辑流程 ·· 138

　　　　二、镜头组接规律 ·· 140

　　　　三、常用的转场技巧 ·· 145

第三节　蒙太奇语言 ································· 152
 一、蒙太奇概述 ···································· 152
 二、蒙太奇分类叙事 ································ 153

第四节　视频广告调色 ································ 156
 一、白平衡 ·· 156
 二、曝光度 ·· 156
 三、对比度 ·· 156
 四、曲线 ·· 157
 五、HSL ··· 157
 六、色调分离 ······································ 157
 七、锐化与模糊 ···································· 158
 八、镜头校正 ······································ 158

第六章　视频广告推广 ································ 159

第一节　视频广告的推广目标 ························ 161
 一、引起关注 ······································ 161
 二、引发兴趣 ······································ 163
 三、主动搜索 ······································ 167
 四、形成购买 ······································ 169
 五、人人分享 ······································ 172

第二节　视频广告的推广策略 ························ 174
 一、扩散型推广策略 ································ 174
 二、区域型推广策略 ································ 175
 三、权威型推广策略 ································ 177
 四、垂直型推广策略 ································ 179

第三节　视频广告的投放策略 ·· 182
　一、广告投放评估指标 ·· 182
　二、广告投放策略类别 ·· 183
第四节　视频广告的投放效果 ·· 186
　一、投放效果监测 ·· 186
　二、投放效果评价 ·· 189

第一章 视频广告概述

第一节　视频广告的演变

一、传统影视媒体时期

（一）电影媒体广告

19世纪末，世界经济飞速发展，由此也带动了科技的突飞猛进。1895年，卢米埃尔兄弟发明了电影，这种能够让多人同时观赏的影像，迅速成为大众喜闻乐见的娱乐媒介。电影是一门根据视觉暂留原理，运用照相手段（及录音）把外界事物的影像（及声音）摄录在胶片上，在通过放映（同时还原声音）、用电的方式把活动影像投射到荧幕上（以及同步声音）以表现一定内容的现代技术。电影的诞生使得广告载体从以前的静态媒介升级到了动态媒介。电影中的广告主要以显性或隐性呈现，比如电影中贴片式广告是显性的，植入式广告则为隐性的。

1. 电影贴片式广告

电影贴片式广告是指在电影放映前所播放的客户品牌及产品的广告，或是在影片尾鸣谢广告单位和赞助单位的广告。它是广告主与电影制作方、发行方、放映方合作的结果，属于电影中的"硬广告"。尽管这种广告形式常常在播放前引起大量观众的不满，但调查显示观众对广告的记忆度较电视广告有更深刻的传达效果，更能实现广而告之的目的。在我国，电影贴片式广告的先河当属冯小刚的《没完没了》，接着《大腕》《英雄》《手机》等影片都夹带着许多贴片广告。

2. 电影植入式广告

电影植入式广告指的是把产品及其服务具有代表性的视听品牌符号融入影视或舞台作品中的一种广告方式，通过给观众留下深刻印象，以达到营销的目的。当然，在视频中商品可以是静止的背景、画面的摆设，也可以是动态的道具。植入式广告的优点在于在潜移默化中说服观众，实现对商品的认同。由于观众对商业广告存在明显的心理抵触，将商品与剧情融合的做法会比直接使用广告的效果要好。植入式广告的营销内涵就是以置入的形式、用背景等周边信息和符号体系等发挥作用，而不是像通常的广告通过产品功能、产品中心信息或产品物理结构来起作用。如《V字仇杀队》中的BFC物流公司、《贫民窟的百万富翁》里的匡威运动鞋等。总之，借助于观影者对电影情节的聚焦，激发消费者的潜在需求，诱导消费者心灵上的共鸣是电影植入式广告的核心所在。

（二）电视媒体广告

自20世纪40年代以来，黑白电视经历了半个世纪的发展，电视媒体已成为千家万户日常生活的一部分，丰富多彩的电视节目在为人们带来大众媒体的娱乐化消费的同时，也成为商业广告的必争之地。电视广告是一种由电视传播的广告形式，它将视觉形象和听觉综合在一起，充分运用各种艺术手法，力求直观形象地传递产品信息。

电视广告具有丰富的表现力和感染力，因此是五大传统媒体中广告体量最大的一种。相比于传统的平面广告，视频广告的画面充满吸引力，使产品由静到动，极大地增强了传播效果。

电视媒介下的视频广告分为常规广告形式和特殊广告形式。

1. 常规广告形式

（1）硬版广告。时长一般为：5s、10s、15s、30s。多以5s为基础，有声音，画面为动态。

（2）标版广告。时长一般为：3.5s 或者 4s，一般是气象预报中的板块广告，无声音，动态静态皆有。

（3）长秒（专题）广告。时长一般为：60s~180s（含 180s）。是以长秒形式播出的广告，广告类型是企业形象、政府面貌、招商加盟等。

2. 特殊电视广告形式

（1）主持人口播：在节目主持人以口述的方式介绍商品品牌。

（2）节目特约播出：借用节目之名，由广告企业为观众特别播出该节目。

（3）栏目提示收看：在栏目前后或栏目中看到商品企业提醒收看的标志。

（4）栏目冠名：本栏目由商品企业冠名播出。

（5）桌面静态背板：在栏目中使用的商品背板设置企业商标或广告，面向观众。

（6）软性植入：把商品或服务融合到节目当中，起到推广宣传的作用。

（7）电视屏幕角标：节目播放时在屏幕右下角或左下角设置企业商标或其他可认可的标志。

（8）公益广告：公益广告是指不以营利为目的而为社会提供免费服务的视频广告，企业标志和产品标识等推广信息占据画面比例不超过三分之一。

二、传统互联网媒体时期

传统互联网媒体时期从狭义上来说，是指以百度、搜狐为代表的门户网站时代，主要有百度、网易、搜狐、新浪等几大门户网站，也有少数客户端（如腾讯 QQ 客户端等）。1978 年以来，传统互联网行业迅速兴起，20 世纪 90 年代初进入繁盛期。从那时起，一个全新的虚拟世界被构建起来。作为信息主要载体和渠道入口的互联网，相对于影视媒体更加快速地改变着人们对于信息的获取路径、获取方式、互享路径和互享方式。不论是电视还是电影，不论是传播信息还是获取信息，互联网都彻底改变了人们的交流方式。

（一）基于PC端的媒介形式演进

门户网站狭义上是指通过某类综合性互联网信息资源并提供有关信息服务的应用系统。最初提供搜索引擎、目录服务等；广义上来说，门户是一个Web应用框架，它将各种应用系统、数据资源和互联网资源集成到一个信息管理平台之上，并以统一的用户界面提供给用户，同时建立企业对客户、企业对内部员工和企业对企业的信息通道，使企业能够释放存储在企业内部和外部的各种信息。在全球范围中，最为著名的门户网站是谷歌和雅虎，而在中国，著名的门户网站有新浪、网易、搜狐、腾讯、百度、新华网、人民网、凤凰网等。门户网站主要有搜索引擎式门户网站和综合性门户网站。搜索引擎式门户网站的主要功能是提供强大的搜索引擎和其他各种网络服务；综合性门户网站以新闻信息、娱乐资讯等为主。时至今日，大量的互联网广告仍由门户网站制作和发布，网站自身的发展与传统广告运营中的广告代理和广告制作密不可分。1998年年末，国内引起一阵数字化风潮，《数字化生存》的作者尼葛洛庞帝来到中国发表了《数字化中国》的演讲，激起了许多企业积极地投身于互联网事业的热情。2007年占据《互联网周刊》主办的中国商业网站排行榜之网络营销排行榜前四位的公司分别是互动通、窄告网、三星鹏泰和好耶广告网络，更加难以置信的是这四家公司都诞生于这一年，也就是说，刚起步一年的互联网公司已经能够在互联网中崭露头角了。但好景不长，2000年出现互联网泡沫，网络媒介跌入低谷期。不仅搜狐、新浪和网易三大门户网站的股价一路走低，国内一些其他较大的互联网公司也相继出现重组或破产的情况。

（二）基于PC端媒介的广告形式演进

伴随着PC端媒介发展的同时，基于PC端的广告业务也在迅速扩张，从形式上来说，有常规展示类广告，如banner、弹窗、插屏、图文、文字链等；也有很多贴片广告。

在中国互联网广告刚起步时，广告公司习惯在传统媒体上投放广告，新颖的互联网广告一般都由具体的门户网站制作。受众上网就是为了看整合过的海量新闻，刚刚起步的互联网广告并没有给互联网的经营发展带来什么实质性的影响，创新脚步明显低于互联网的飞速发展，广告市场不断被蚕食，门户网站一直未能找到适合自己发展的道路，不仅中国如此，国外也不例外。作为一个外商投资企业——搜狐，首先抓住了救命稻草——短信业务。从2000年搜狐开始运营短信业务，到两年后第三季度的财报显示非广告收入占比达总收入的51%，主要来自电子商务为主的消费者业务以及短信服务和信息服务，非广告收入第一次超过广告收入成为总收入的最大来源，搜狐由此进入全面盈利时期。与此同时，新浪紧随其后，由于新浪一直注重互联网广告市场，其广告收入比搜狐要高得多，在当时一直稳居门户网站广告收入的首位。2008年首季财报显示，新浪网的广告收入达4780万美元，但最终收益却低于搜狐。反观之，网易从一开始就另辟蹊径，历经网络寒冬后迎来了网络游戏的春天，从《大话西游online》到《大话西游online Ⅱ》，网易由此成为中国第一个运营国产游戏并且营利的门户网站。2008年首季网易总收入达9300万美元，其中在线游戏服务收入7930万美元，广告收入1100万美元，无线增值服务及其他业务收入为270万美元，超过同期的新浪和搜狐。此时的腾讯网主要收益来源于QQ业务带来的互联网增值服务，它并不是依靠互联网广告生存的门户网站，但它却成为众多中国门户网站的老大，虽然互联网广告目前仍然是门户网站营利的主要模式，但是广告收入的决定性地位已经开始下降，传统媒体广告的主导地位不复存在。

三、移动互联网媒体时期

（一）基于移动端的媒介形式演进

互联网起源于20世纪60年代，经过几十年的发展，已经成为串联世界的信息桥梁，将世界连成一个整体，而我国自1994年正式接入国际互联网以来，网民数量不断增长。伴随着3G、4G时代的到来，网络技术与移动技术融合日益深入，手机成了人们追捧的便捷工具。与传统的PC端相比，移动互联网集便携性、技术性、即时性、互动性和个性化五大优点于一身，逐渐成为报纸、电影、电视、互联网之后的新起之秀。而移动端媒介中社交媒体的使用，如QQ、微博、微信、短视频、直播等也在人们生活中占据了重要比重。伴随着手机的强势崛起，消费者的消费习惯也被改变，为了适应消费者的变化，视频广告也要做出相应的变革，以确保其传播效果。手机的出现使传统互联网广告迅速革新，大步迈入新媒体时代。新媒体时代的视频广告最鲜明的特征就是移动和互动。在这个数据爆炸式增长的新媒体环境中，海量信息让人应接不暇，为了在新媒体环境下保证传播效果，达到营销目的，视频广告摸索出了：数据化、互动化、即时化、社会化四大特点。其中数据化是传播基础，互动化是产品与用户的关系，即时化是商业利益，社会化是传播规模。这四个特征面对大数据时代带来的挑战，不仅提高了视频广告的用户参与度，也降低了广告投放成本，实现了精准投放。

（二）基于移动端媒介的广告形式演进

移动互联网时代也被称为数据时代、分享时代，消费者不再和以往一样是信息的被动接受者，而变成了信息生产者。他们通过诸如微信公众号、微博等社交媒介不断发布自己的声音，这种变化极大地引起了广告主的注意，迫使其改变策略，以适应消费者的需求。例如：淘宝平台的千人千面程序，海量的用户行为反馈，为下一次投放提供参考，避开雷区，提升点击率、转化率。同传统的互联网媒体时代相比，移动互联网时代的视频广告也有以下的发展：首先是原生广告（是指以融入信息的形式，为目标用户提供高质量内容和优质用户体验，并建立互动关系的多媒体聚合商业广告形态，如内容植入等）通过对碎片资源的重新整理。大数据和云计算的发展为数据计算统筹提供了技术支撑，广告主将视频广告如同流水般渗入消费者碎片的时间中，进而将碎片化的时间整合，形成可利用的资源，这便是原声广告在新媒体环境下适应消费者需求和营销方式的必然结果。其次是 VR、AR 沉浸式传播。广告主利用 AR、VR 设备的虚拟现实技术，将品牌信息以感知的方式传达给消费者，给予其强烈的视觉冲击感，使消费者对品牌产生深刻的印象。例如：《行尸走肉》第五季发行，制作公司推出公交站牌 AR 广告，让消费者获得强烈的视觉冲击感。最后是程序化购买，程序化购买是指一种新的广告投放模式，具体流程是：从购买媒体到购买用户，通过数字化、自动化、系统化的方式，实现广告主、代理公司、网络媒体之间的程序化对接，帮助广告主准确找到与广告信息相匹配的目标消费者，并自动投放广告。总之，程序化购买是伴随着大数据技术而兴起的，大数据技术带来的精准用户化像，为广告主进行产品投放和品牌定位提供参考，使广告主可以更加精确地找到品牌所对应的目标消费者的新广告投放模式。伴随着大数据技术的深入发展，程序化购买终将成为广告投放的主流趋势。另外，App 类媒体的兴起，也出现了很多的弹屏与开屏广告，移动端广告形式逐渐丰富。由于技术的不断进步，广告投放已不再是传统意义上的购买广告位进行投放，而是通过大数据捕捉用户消费习惯，分析特点进行精准投放。虽然传播手段发生了天翻地覆的变化，但究其根本广告还是企业的营销工具之一，以扩大企业（品牌）影响力，提高产品销售额为最终目标。毋庸置疑，移动互联网时代将会是下一个视频广告发展的黄金时代，因为较强的交互性使用户需求得到反馈，原生广告的投放使用户的碎片化时间得到利用，大数据技术的发展，提高了广告投放的转化率，视听创意技术的发展也使创意可以更好地呈现。

第二节　视频广告的分类

一、按时间划分

（一）6s 广告

近几年，随着网络基础设施的日益完善、智能设备的普及，移动视频日渐成为一种用户依赖的媒介载体。尤其是年轻受众，他们的注意力很难长时间集中在某一样东西上，所以互联网上出现了一种适应该情况的新形式广告，即 6s 广告。在 ADweek 上之前有一篇名叫 *Christopher Heine* 的文章中第一次提到 6s 广告，并大胆预言 6s 广告将成为网络视频广告的主流。6s 广告是指在短视频时代，传统视频时长被压缩为长度为 6s 的广告。第一个 6s 视频广告在 Youtube 一出现便在行业里引起轩然大波，连 FOX 和 Facebook 这样的行业巨头都开始关注和模仿。伴随着 6s 广告的兴起，6s 广告开始被广告主所使用，米其林公司作为第一个吃蛋糕的广告主已经在 YouTube 上进行视频投放测试，米其林公司的进入带动了一大批跃跃欲试的广告主。谷歌通过大数据技术抽样分析得出 6s 广告的受众，有 90% 都存在较深的用户记忆，61% 的缓冲广告提升了品牌知名度。6s 广告的这一特点符合急需提升品牌与产品知名度的广告主的需求。虽然 6s 广告可以在短时间内突出产品的特点、传递核心概念、引起用户兴趣甚至达成购买，但是也给创意者带来了极大的挑战，因为创意者要在短短的 6s 钟内完成主题、情感传递、品牌理念传播等情节设定。

（二）15s 类广告

迄今为止，全球默认的视频广告的时长一般是 15s 的倍数，15s、30s、45s 或者 60s 等。传统影视媒体的视频广告大部分都是 15s、30s 和 45s，再长的也许能达到 60s，但其实广告片没有绝对最好的长度，需要根据企业或者对产品的具体要求而定，也同样需要知道企业想传递什么样的信息给大众、广告片的播放渠道，这才是重中之重。但是很多客户往往会有这样一种观点，认为广告片时长越长越好，可以诉说更多的信息，但现在是注意力经济时代，信息太多会导致视觉疲劳，结果适得其反，要根据广告片的目的和受众，抓住重点。

1. 15s 广告

15s 广告是指长度限定在 15s 的视频广告。15s 广告的主要目的是为了加深大家对产品信息的印象，加强广告受众对广告内容某一形象的记忆。因此在 15s 广告的制作过程中需要使用强有力、具有冲击感的画面，同简洁凝练的广告文案结合，来传达品牌理念或者产品形象。

2. 30s 广告

30s 广告是指长度限定在 30s 的视频广告。该类视频广告相比 15s 广告长度更长，可以从多角度呈现产品的功能。该类广告适用于明星代言类、功能展现类等广告题材。

3. 45s 广告及 60s 广告

一个成功的广告投放最重要的指标就是广告的阅读量。在当下这个快节奏社会中，人们的注意力不断被繁芜丛杂的事情吸引，闲暇时光也被分割成无数的碎片。所以碎片化时间就成为广告主争夺的主战场，但是 46~60s 广告由于长度过长，容易分散注意力，对受众的吸引力不强。因此为了达到最佳的视频广告效果，合理控制时间是很有必要的。

（三）微电影视频广告

微电影视频广告是 2010 年才崛起的新类型，指为了宣传某个特定的产品或品牌而拍摄的有情节的、时长一般在 5~30 分钟的、以电影为表现手法的广告。虽然采用了电影的技术手法，但是它的本质依旧是广告，具有强烈的商业性。"麻雀虽小五脏俱全"，微电影虽然比不上电影的长度，但是电影的一切元素它都具备，也正是如此，微电影广告可以通过故事性的剧情，更加深入地传递品牌理念、产品形象功能，在潜移默化中影响消费者。

二、按内容划分

视频广告按内容划分一般可划分为拍摄类和动画类。

（一）拍摄类

1. MV 广告

MV 广告即音乐广告短片，是指与音乐歌曲搭配的视频广告。由于广告主需要在画面中展现自己的产品和品牌，所以在 MV 广告中音乐与广告内容的组合很重要。MV 广告的崛起逐渐在广告界兴起了一股对视频广告中听觉、视觉和创意的研究，进而力求总结出能被大众所接受的视频广告形式。

2. 剧情片广告

剧情片广告是指将广告投入到有剧情的故事片或者故事短片中的广告，值得注意的一点是，剧情片不等于植入广告的生硬插入。在剧情片广告中，广告主会要求片方依据传播内容对剧本进行调整设计。剧情片广告根据其传播的内容不同，时间和剧本结构也不相同。比如在互联网上和户外媒体中投放同一剧情片广告，户外媒体上的投放内容会因媒介投放费用高昂而进行时长压缩。虽然制作成本与其他类型的视频广告相比要高出许多，但是通过在片中对产品的实际应用，让消费者对产品功能有了直观的认知，这也使得剧情片广告的投放效果远高于其他视频广告类型。因此，在未来将会有更多的广告主投资剧情片广告，剧情片广告也会成为视频广告的一大主流趋势。

3. 宣传片广告

宣传片广告是一种对产品、品牌或企业形象进行侧重宣传的广告形式。形象展示的视频广告，通过反复播放，使受众对产品、品牌产生强烈的品牌记忆。比如OPPO手机强调"充电五分钟，通话两小时"的高速快充功能，通过反复播放将这句广告词深深地印在受众的潜意识中。当你在选购手机需要快速充电功能时，你就会不自觉地想起OPPO手机，进而联想到这款产品，产生购买欲望，这就是宣传片广告的传播模式。宣传片广告被大量用于企业的形象宣传、产品营销，具备较强的社会接受度，企业可以通过只做宣传片广告进而提升品牌的知名度、信任度和赞誉度。美中不足的是，一部优秀的宣传片广告的制作需要调动大量的资源，造价昂贵。

4. 短视频广告

短视频广告是指长度在15s以内的视频广告。在快节奏、大数据爆发的时代，人们的生活日益碎片化，以往的视频广告开始不适应这个新环境。伴随着以"抖音""快手"为代表的短视频爆发，用户的内容消费习惯，正在发生翻天覆地的变化。在越来越少、越来越碎片化的时间中，生动直观的短视频相比无味的图文内容更有吸引力。

5. 纪录片广告

纪录片广告是指采用纪录片的叙事和拍摄方法进行制作的视频广告。纪录片广告以真实生活为创作素材，真人真事为拍摄对象，通过艺术手法的加工，呈现出以真实为本质，并引发受众思考的一种视频广告类型。较为成功的是小米公司在上市之际发布的内部纪录片《小米的八年创业之路》，影片开头是一段来自小米第 37 号员工刘安昱的旁白："反正，我现在心里边儿都是一团火。"

整段纪录片没有夸张的脚本，也没有夸张的表现手法，用平白的叙事，给观众呈现出更加真诚、真实的小米公司，让观众了解小米公司的企业文化和品牌理念。

（二）动画类

与传统的广告相比，动画广告超越了胶片拍摄的束缚，通过对想象力的展现，来激发观众兴趣，感染观众情绪，以及在传播广告信息方面展示的不凡魅力。

1. 二维动画

二维动画是指将二维动画技术应用到视频广告中而产生的新的广告类型，是当今广告中主要类型之一。相比拍摄类视频广告，二维动画视频广告不需要流量明星，成本较低。因为是动画形式，许多实际无法拍摄的镜头可以通过动画来实现，从而更好地展现品牌主题。在进行二维动画制作的过程中，需要注意画面的色调搭配和结构搭建，利用不同的镜头组合，给受众带来不一样的体验。

2. 三维动画

三维动画是指使用 3D 建模渲染技术制作的视频广告。相比于二维动画，三维动画更加贴近现实，运用三维动画技术制作爆炸、崩裂、烟雾、星辰、光环、浪花、飓风、瀑布、沙尘等视觉特效，增强视频广告的视觉冲击力，给受众带来强烈的震撼感，产生深刻的品牌记忆。但是三维动画从建模到渲染，对人力、技术、时间和金钱都有较大的要求。

3. MG 动画

MG 动画是一种融合了平面设计、动画设计等表现形式的视频广告。MG 动画具有博采众长，使动画与品牌理念完整融合，既拥有动画的趣味性，又有广告的商业性。MG 动画可用绘画技术产生很多拍摄中无法产生的镜头，弥补实拍类广告无法产生的视觉效果，让视频广告更加生动有趣。MG 动画以其节奏快、时长短、内容量大、成本控制度强、受众范围广、传播范围大等特点，很容易在微博、微信等社交软件上形成"病毒式"传播的效果。

4. 定格动画

定格动画是指通过逐帧拍摄，采取模型或已有成品制作而成的动画广告短片，也就是说采取逐帧拍摄的在连续播放的技术，形成画面的一种创意视频广告短片。因为定格动画具有较强的空间感和时间感，所以定格动画多用于产品的样式展示，相比于上面的二维、三维动画，定格动画的题材更加新颖，定格动画会赋予所拍摄产品某种情感，将观众带入创作者事先营造好的情境中，进而吸引观众的注意力。定格动画通过其完整的产品形象塑造、流畅丰富的故事情节和感情的渲染使广告片的宣传效果更加优秀。

三、按媒介划分

如前文所讲，若视频广告分类按照媒介划分，那么大致可以划分为电影媒介、电视媒介、互联网媒介三大类。

（一）电影媒介广告

电影作为一种大众艺术的传播方式，其本身具有极强的内容艺术魅力。首先优秀的电影留给观众的不仅是极佳的观影体验，还会在观影过程中通过情感共鸣的方式潜移默化地改变观众情感、思想甚至是消费习惯、生活方式等。并且优质的电影内容经过观众的口耳相传，影响范围不断扩大，在观众圈中逐渐形成一种文化，这种文化可以长久地影响消费者的思想行为习惯等。因此在电影中植入相应的广告，借助电影形成的文化进行传播，潜移默化地影响消费者的购物意愿和习惯，达到营销的目的。

其次，电影媒介广告的最大价值体现在对观众影响力的时间长。同以往的电视广告相比，电影广告更像是一种体验式广告，电影媒介下的广告更多借助电影已经塑造好的场景气氛，来表现产品的功能或品牌理念，与受众产生心理互动，增加受众对产品及品牌的了解，进而使消费者产生好奇甚至购买的欲望。

最后是电影媒介的观众注意力高度集中，广告到达率高。因为在电影开场前的10分钟观众会陆续入场，这个时候观众受制于影院这一特殊环境，无法进行其他休闲活动，并且受众大脑还带有对即将到来的影片的期待性，所以注意力会集中在荧幕上，这时投放的广告到达率可以达到90%以上。

（二）电视媒介广告

电视媒体，作为一种影响力较大的媒体，素有"爆炸媒体"之称。由于其信息量大，信息内容范围广，同时电视的视听元素齐全，因此很适用于向消费者传播任何形式的广告。由于电视媒体具备的公信力，所以在介绍商品的功能、特点以及树立品牌形象方面具有超然的地位，并且在特定时间、特定区域，电视媒体具备互联网不具备的优势，比如电视媒体的普及率高于互联网，所以电视的传播范围要强于互联网。并且在春晚、跨年等关键的时间点，电视媒体的聚焦度要高于互联网，但是由于电视广告的投放费用较为高昂，让许多企业望而却步。

（三）网络媒介广告

网络技术的不断发展，使得互联网逐渐成为视频广告投放的主战场，特别是流媒体技术的研发成功，使得视频广告省去了下载这一步骤，可以直接被即时观看，极大地提高了网络视频广告的到达率。网络媒介有以下几个优点：一是网络媒介的受众范围广，根据中国互联网信息中心发布的第 42 次《中国互联网发展状况统计报告》显示，截至 2018 年 6 月 30 日，我国网民规模达 8.02 亿，互联网普及率为 57.7%；其中手机网民规模已达 7.88 亿，网民通过手机接入互联网的比例高达 98.3%；二是投放成本低，互联网广告的媒介投放费用远低于传统的电视电影媒介，在互联网上进行的内容推送每条低至几块几毛钱；三是互联网广告的定位更加精准，因为大数据技术的产生与发展，互联网用户的消费习惯、观念被收集处理，广告主通过大数据可以对视频广告进行精准投放；四是互联网广告传播速度快，传播层次广。互联网将世界连成一个地球村，在某地发布的数据信息可以在短时间内被传播到世界各地。虽然互联网广告有着诸多的优点，但是也存在缺点。由于数据的爆炸式增长，信息的留存度很短，为此内容的质量好坏就显得十分重要，如果要生产出被大众广为传颂的广告就要在剧本上苦下功夫。

四、按传播方式划分

（一）贴片式视频广告

贴片式视频广告又称 PRE-ROLL 视频插播广告，是一种强制性的视频广告形式。贴片式视频广告一般分为前、中、后三种插播形式。前播广告是指用户在看网络视频或节目之前出现的一段数秒广告，中播广告是指节目中间暂停或缓冲时间出现的广告，后播广告是指视频播放完毕后出现的广告。而在视频播放前，这种类型的视频广告能够向观看视频的用户展示企业产品和品牌或能够推广企业信息。这种广告形式能够使广告主获得全面的观众点击数据，更加客观地了解到观众的喜爱程度。但是它无法与观众产生互动，同时会使部分没有耐心的观众转移注意力。因为贴片式视频广告具有传播快速、吸引用户、跨越度广等特点，而且用户观看视频的体验并不会被短时间的贴片式视频广告所影响，在多样的网络营销形式中贴片式视频广告占据的地盘越来越大。

（二）"病毒式"视频广告

"病毒式"视频广告，顾名思义就是像病毒一样用非常快的速度在互联网传播广告。"病毒式"视频广告最初也是在视频分享网站上流传起来的，而想要在互联网中产生一定影响力的"病毒式"视频广告，一定是具有很强的创意内涵和幽默感的。所以企业和广告主需要重点思考的问题就是如何抓准品牌诉求的痛点，同时在进行视频创意时需要尽量让广告贴近观众生活。2006年多芬推出的75s广告片《蜕变》就是一个经典的"病毒式"视频广告，在很低的制作成本情况下获得了5亿人次的点击率。值得注意的是，"病毒式"视频广告的传播离不开网络媒体，创意再好的"病毒式"视频广告想要传播给更多的观众，肯定无法绕过视频门户网站这一环。

（三）植入式视频广告

植入式视频广告与电影中的植入广告有异曲同工之妙，但这里的植入式视频广告指在互联网中观众可下载、收藏和二次传播的包含产品价值和品牌信息的广告。成功的植入式视频广告往往能够与视频内容本身高度贴合，广告主也乐于使用该种广告形式传播产品，观众对于这种广告形式的接受程度也更高。例如,"美的"品牌与"优酷"合作的《私家厨房》,主打的是制作和销售各种美味又营养的食品,但其中植入的都是"美的"厨房用具,所带的也都是"美的"品牌的 Logo,通过制作者的示范和解说,能够使观众对"美的"产品接受度上升,加深了潜在消费者的认知度。这种广告能够降低观众对广告的抵触心理,更高程度接受广告的推广。并且随着网络技术的发展,在视频中介绍产品时会出现产品购买的超链接,能够弥补以往植入式广告的缺陷。

(四)UGA 视频广告

UGA 视频广告,中文名称叫"用户生成广告",是一种由广大网友在视频网站上参与制作的创意视频广告,会在视频内植入品牌理念的新的商业模式,类似一些影视剧中的隐形广告。在互联网媒体时代下,UGA 视频广告的出现使观众能够通过参与产品价值的创意制作达到与广告主的双向沟通,打破了传统广告单向传播信息的局面。所以 UGA 视频广告不仅能够为广告主节省推广成本,而且能够搭建消费者对产品品牌认可的桥梁,观众不再被动地接受广告带来的影响,而是主动地理解和融入广告之中。这种以视频为载体的新型广告能够精准投放给目标观众,在提升品牌知名度的同时也更易于激发消费者的购买行为。在互联网时代,UGA 视频广告能够使视频网站、观众和广告主达到三方共赢的结果。

第三节 视频广告的特点

一、生产的数字化、自主化

随着互联网时代的到来,数字化成了媒介发展的主流趋势,诸如 Flash 技术、Web2.0、P2P技术的出现和普及，使得以数字媒体为基础的新媒体不断涌现，而这些新媒体大多都有很强的创新性与混合媒介的特性，这些新媒介的出现导致广告形式不断被丰富革新，突出表现在网络视频广告。网络视频广告通过使用多媒体技术将视频、音频、图像、动画、文本等元素融合在一起，形成连续播放的画面。与传统的网络广告相比，新媒体环境下的网络广告加入了视频、音频等元素，较之原来表现力更强，表现方式更多样，展现内容信息更丰富。新媒体环境下的视频广告更加自主化。约翰·沃纳梅克曾说："我知道我的广告有一半是浪费的，却不知道是哪一半。"为什么会这样呢？是因为在传统的电视时代，视频广告被限制在特定频道、特定时间才能观看，也就导致了广告的投放费用高昂、传播效率低等的弊端。而新媒体环境下的视频广告可以使观众可以随时随地的看到广告，解决了电视广告时代的问题，所以说在新媒体环境下只要视频广告的投放平台足够大，那么该广告的传播范围就能很广，而随着技术的不断进步，新媒介的信息承载量更强，投放费用更加低廉。伴随着大数据时代的到来，互联网消费者的各项数据被数据公司搜集记录，进而使用当下流行的ETL等技术进行分析，得出消费者的用户习惯和特性。广告主或4A公司通过这些数据，将视频广告精准投放，达到无孔不入的地步，提高了视频广告的投放精度与效度，是广告资源的利用效率得到提高，达到广告主最小投入最大产出的期待。

当然，视频广告生产的自主化同样也是一个客观存在的事实。在传统影视媒体时期，视频广告的生产受制于代理广告公司，广告主需按照媒介方的要求制作视频广告并进行投稿。而在新媒体时期，广告主具有超前的自主权来搭建更好的视频广告平台。相较于传统媒体，新媒体视频广告可以承载传统的各种信息形式，视频广告是信息载体，从媒介角度来看也是一种信息商品，它本身并不能直接产生商业价值，所以在互联网媒介下，媒介广告主需要充分发挥主观能动性，对拥有各种各样需求的受众产生影响。约翰·费斯克认为，从文化经济体制来说，消费者是有自主权的，文化消费的过程是一个有选择的过程。他还指出："所有的文化商品，多多少少都具有我们可以称之为中心化的、规训性的、霸权式的、一体化的、商品化的力量。与这些力量相对抗的，乃是大众的文化需要。"从这一点上看，大众的文化需要首先是视频广告生产的主要刺激点，所以视频广告生产的自主化要基于大众的需求，它售卖的其实是人群的注意力，从而间接影响到广告的收入。现今的视频广告对受众发挥作用并不是媒介自身独立完成的，而是视频广告内容本身具有一定的创新和吸引力，能够按照自身需求量身定制，由广告主直接发起，如凯迪拉克的《一触即发》《66号公路》、佳能的《看球记》等。如今，越来越多的视频广告展现在大众眼前，其凭借强大的互联网传播平台和不断发展的数字化以及优越的自主化生产，突破了时间和空间的局限性，以不可阻挡之势，成为备受广告主和各界关注的广告营销新阵地。

二、传播的网络化、"病毒化"

如果说新技术的发展让视频广告的生产变得更加数字化和自主化，那么新媒体网络的发展让视频广告的传播变得更网络化和"病毒化"。视频广告在移动互联网中兴盛起来，不管是即时通信软件如微信、QQ、微博，还是其他的手机软件，处处都可见到视频广告的痕迹，短视频广告、动画广告、拍摄类广告等各种形式丰富的视频广告充斥着我们的生活。互联网也是人与人之间的交互联系，它本身也只起到媒介链接的作用，广告在其中充当着使社交网络商业化的重要角色，所以视频广告和网络有着共同的利益需求。视频广告在微博、微信公众号、微信朋友圈等社交网络中通过发起话题、分享转发和与用户的互动讨论的方式快速传播。在互联网中很容易形成集群传播，如之前所提到的凯迪拉克广告，最早就是在微博中流传开来。互联网社会的超大空间和廉价的传播成本为视频广告传播的网络化和"病毒化"提供了无限的推进力和想象力。

传播的网络化和"病毒化",称为"病毒式"的传播,虽然"病毒式"传播在人际传播时代已经存在,但是直到互联网的出现以及近年来移动信息网络技术的飞速发展,它才真正占据了网络生活。在当下这个信息冗杂的时代,网络"病毒式"传播的视频广告范例非常多,比如之前在网络上非常流行的一分钟悍马广告。讲述的是破坏地球的怪兽和拯救地球的机器人一见钟情并生活在一起,怪兽生出来的宝宝——悍马汽车,表现的是悍马汽车结合了科技和野性于一体,广告语是"Tt's a little monster",该创意一经发布立刻在网络上得到了极大的转发量和点赞量。

创新性是"病毒式"视频广告最突出的特点,而网络视频广告能够表现出更大的创新性和夸张性,在网络传播的过程中还可以迅速倚靠热点事件增强传播广度,不仅能够得到广告主的认可,还能够让观众喜闻乐见。在视频广告中出现一个公众的焦点,能够使观众的目光停留于此,那么包含这个焦点的视频广告能够很快地在网络中掀起"病毒式"高潮。大卫·奥格威的"3B(美女beauty、动物beast、婴儿baby)"原则一直在广告界被广泛使用,但动物和婴儿在视频广告中出现的频率并不高。但是2009依云矿泉水的视频广告成功运用了"3B原则"里的婴儿元素,运用高超的虚拟技术和节奏感超强的视听效果,成功吸引了大量目标群体的注意力。据了解,为了拍摄该视频广告,工作人员总共拍摄了96个婴儿,再通过后期进行面部表情整合完成了这部视频广告。这则广告表现力极其突出,使品牌信息和产品深入人心。

在现如今的网络发展过程中,出现了很多的用户原创内容(UGA)的短视频,如抖音、秒拍等,能够在社交媒介上产生瞬间爆发的影响力,并且在传播过程中,信息的话题性与变异性能够推进视频广告"病毒式"传播,可

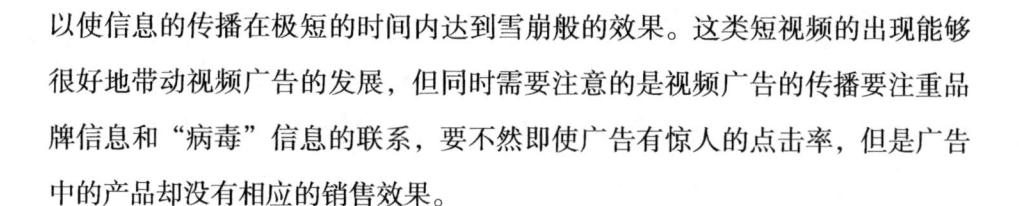

以使信息的传播在极短的时间内达到雪崩般的效果。这类短视频的出现能够很好地带动视频广告的发展，但同时需要注意的是视频广告的传播要注重品牌信息和"病毒"信息的联系，要不然即使广告有惊人的点击率，但是广告中的产品却没有相应的销售效果。

三、互动的实时化、延伸化

在传统的电视时代，广告主将自己制作的视频广告竞标投放至电视台、报纸等传统媒体上，然后经历电视节目录制、报纸排版印刷、节目在报纸发刊，使观众接收到信息。观众再通过电话、邮件的方式给广告主意见反馈，这一套流程时间可能需要半年甚至一年。这种信息的滞后性，严重影响了视频广告的投放效果和广告主的商业决策。在现如今的网络时代，往往广告主刚刚发布视频，全网观众都可以通过互联网即时观看到该广告，减少了传统媒体时期的等待时间，提高了信息的传播速度和传播范围，并且广告主可以通过互联网论坛、微博、微信推文、新闻等方式快速获取消费者的信息，及时更改营销策略。

随着互联网技术的发展与普及，互联网新媒体逐渐发展并最终成为视频广告投放的主阵地。随着消费者愈加碎片化、跳跃式的行为习惯和程序化购买技术的成熟，多屏联动技术应势而生。多屏联动是指继PC、移动端后将微信小程序、VR、OTT、酒店屏、音频端进行程序化，使得线上线下多终端、多渠道、多形式的组合打通，让品牌信息无孔不入、精准全面地抵达消费者的生活，实现品牌传播效果最大化的传播手段。以"美数科技"的营销推广为例，可以发现他们利用的多屏互动媒介有：小程序广告、VR端广告、OTT端广告、电商广告、酒店屏端广告、流媒体音频端广告等。在这个用户注意力不再局限于一块屏幕的环境，而是不断转换场景，注意力聚焦不同终端的大数据时代，品牌要想潜移默化地进入消费者的生活视野，触动他们的内心，就应该根据目标消费人群选择合适的线上线下的投放屏幕端。用场景全覆盖的方式吸引目标受众，同时利用互联网高互动性的特点，汲取消费者在不同场景下的不同心理状态、心理消费诉求，进而制定不同的执行策略。通过跨屏幕、全场景、智营销的方法，完成一条龙式产品营销目标。

新媒体网络广告多屏化展示让新媒体视频广告展示几乎不受渠道限制，同时，新媒体网络视频广告的制作手段同样丰富多样，新媒体视频广告可以是专业广告制作团队按照传统专业广告的拍摄、剪辑手段来制作，也可以是玩家式的DV、手机等非专业的制作手段。制作手段的多样化和低门槛化激励了更多人参与视频广告制作领域，人人都可以成为"影视广告制作人""影视广告导演"。从好的方面来看，较低的从业门槛丰富和激活视频广告制作行业的创作活力，为视频广告的发展提供了源源不断的动力。

第四节　视频广告的作用

一、营销的作用

（一）互动营销

"互动"一词的解释是双方互相得动起来。所以说互动营销也就是企业和消费者双方互相动起来，企业抓住彼此的共同利益点，利用适合的方法在巧妙的时机把双方紧密结合起来，达到营销传播目的。在进行互动营销的时候尤其要注意双方要采取一种共同的行为，达到互动推广传播的效果。早期的视频广告平台仅仅是作为传统社交媒体的服务工具存在，拥有较强的传播力却不具备较强的交互能力，譬如有内容没有平台、有平台没有内容等，以至于无法抓住用户的心。随着技术的进步，广告主们也开始追求更高传播效率、传播更加精准、更加多元化内容的营销模式。比如优酷等平台将视频本身打造成广告载体，将视频广告同自制剧集的内容相融合（即广告主根据节目内容进行视频广告制作）。创新视频的互动形式，让用户在观看有趣的视频广告内容的同时，接收到了广告主想要传达的广告信息，再配合大数据人物画像，用户在不知不觉间完成了视频广告的商业转化。

（二）情境营销

情境营销是指在销售过程中，运用生动形象的语言给顾客描绘一幅使用产品后带来的美好图像，激起顾客对这幅图的向往，并有效刺激顾客购买欲望的手段。情景营销是以心灵的对话和生活情景的体验来达到营销的目的。情景营销的基本假设是，消费者在其日常生活中的某个"相似的瞬间"，更容易接受相同的宣传，而无论其年龄、性别、收入等，情境营销最大的特点就是塑造用户体验环境，让用户了解产品的功能特点，进而产生购买欲。而视频广告本身拥有的连续性，长时间的特点是最适合进行情景营销的载体，广告主在进行视频广告剧本撰写的时候通过塑造一个假象的空间环境，在该环境内将产品的功能特点实际展示给观众，吸引观众的目光和需求，最终使观众完成购买转化。例如，方太油烟机广告，真实地还原厨房环境，品牌代言人置身于厨房中炒菜煲汤，在方太油烟机开启的情况下，厨房内部空气清新无油烟味。整部片子没有太多的文案，用演员的肢体语言表现出方太油烟机的强大排烟功能。

（三）电商营销

伴随着直播行业的兴起与短视频行业的飞速发展，电商平台越来越成为一个重要的营销平台，电商营销也浮出水面，电商+视频成为一种新的营销方式。电商营销是一个很大的概念，这里说的电商+视频的营销模式也可以成为网红营销，是指由短视频平台或者直播平台中具有一定人气流量的主播们，通过视频直播或者拍摄短视频来宣传某一款产品、某一个品牌，通过链接淘宝等电商平台变现的营销模式。近两年来的电商营销案例不胜枚举，小到某个城市的某个小店的麻花、奶茶，大到故宫这样的雄伟建筑，都在进行电商营销。以卫龙辣条为例，卫龙辣条借助2016年辣条表情包，在全网一炮走红，"来袋辣条压压惊"也成为当年的热搜词汇。

二、推广的作用

（一）内容多样

视频广告不同于以往的静态图片展示，而是图片重叠的动态展示，相比传统广告的古板与直接，更加具有视觉冲击力（尤其是特效技术的飞速发展）。并且视频画面的动态展示，使得广告内容生动活泼、丰富有趣，可以更好地抓住消费者的目光，让消费者沉浸在视频广告的有用价值之中，在不知不觉中接受视频广告所要传达的产品品牌信息。视频广告的多样性既有利于企业在消费者心中树立企业形象，也有利于增强大众的品牌认同感。

（二）互动黏性增强

伴随着互联网技术的发展与普及，网民数量不断增加，消费者可以更快速、更真实地表达自己对使用某一产品的感受。而企业收集用户反馈的信息渠道也越来越多，做出反应的动作也就越快。同时新媒体交互技术的产生与大规模应用使得视频广告的用户黏性极大增强，在新媒介环境下，消费者在观看完视频广告后通过评论或者转发可以获得一定数量的小礼品或者小优惠，这种互利互惠的广告形式减轻了视频广告对消费者产生的负面影响，让消费者自愿观看视频广告，并产生转发想法。

（三）高效精准投放

我们都知道，即使再优秀、再好看的内容，如果没有相应的推广渠道，就无法产生利用的价值。为此广告主在进行视频广告制作之前会进行市场调研，研究消费者的喜好和需求。在互联网时代，大数据技术的发展为广告主进行视频广告的市场投放决策提供了技术支持。互联网用户的数据被数据公司搜集、记录，再通过大数据算法对消费者进行行为分析，形成用户画像。数据公司再将这些用户画像推送给广告主，广告主依据数据中的消费者喜好，进行视频广告的投放推广，这样可以使视频广告传播到更多的消费者眼中，实现推广效果的最大化。

（四）传播快速裂变

新媒体互联网时代不同于传统互联网时代，更不同于更早的报纸、电视、电影时代，在互联网时代每个人都是一个发声者，人人都是信息的传播源，优质的吸引大众的内容很容易被大众转发，在短时间内产生极大的传播面影响力。

那么如何让视频广告的内容变得更加优质呢？有两种方法，一是大规模地进行分发推广，让视频拥有更多的曝光机会，这样视频的优质内容也就更容易被大众发现，但是这样对推送的预算费用的要求就比较高；二是在推广费用较少的情况下，培养一批自己的核心用户，通过对这批用户的维系，增加他们对企业发布的视频广告的兴趣。值得注意的是在进行社交媒介的营销推广的时候，由于视频广告内容具有较强的社交属性，所以要尽量避免通过朋友圈或者微博大V推文，因为这样会带有强烈的营销意味。以微博为例，在微博中进行视频广告的推送可以通过微任务直通车来进行，这样不会过于暴露自己的营销意图，也可以获得较强的营销推广效果。

三、渠道的作用

渠道在古代是指水渠、沟渠，是水流的通道。在现代的商业活动中渠道又称分销渠道，是商品的流通路线，即厂家的商品通向一定的社会网络或代理商而销向不同的区域，以达到销售的目的，故而渠道又称销售网络。对于视频广告来说渠道就是指可以供视频广告搭载传播的媒介，可供视频广告搭载传播的媒介主要有互联网媒介、电视媒介以及户外媒体媒介等。互联网媒介的特点在于快速传播、快速裂变，较强的互动性以及广阔的传播范围；电视媒体的特点在于公信力，拥有较高的可信任度；户外媒介凭借其无时无处的存在，让受众走到任何一个地方都可以看到视频广告。

（一）形成网络"社群"

社群是指一群拥有共同价值取向和兴趣爱好的人聚集在一起组成的朋友圈。互联网时代的到来使得传播语境越来越碎片化，也带来了传播受众的碎片化，进而形成了一个又一个的社群。在这些社群会依据企业品牌的文化逐步形成不同的亚文化圈以及社会思潮，并且通过社群的建立，可以培养出忠诚于企业品牌的核心用户，在日后企业推出新的产品的同时，通过社群可以在最短的时间内将新产品信息辐射到大部分忠于品牌的核心用户。以小米为例，小米在成立之初就开始着手建立自己的米家社群，从最开始的核心用户开始培育，逐步壮大，形成一个具有社会影响力的社群组织。小米通过建立这样一个对品牌忠诚度较高的米家社群，在生态链建设的过程中可以很快地找到自己第一批产品的消费人群。与此同时受众群体的分众化也使得互联网的入口更加多元，让许多基于社交的新型生产模式代替传统的生产模式。

（二）广告的入口

在传统的互联网时代，入口大多是通过门户网站导流进入。但是在新媒体时代，媒介入口摆脱门户网站的束缚，日趋多元。以微信为例，微信作为一个社交起家的媒介平台，从最开始的社交平台逐步发展成一个多平台综合体，微信公众平台的上线，使得微信成为广告主营销的一大战场。企业通过建立自己的微信公众平台，在微信这个闭合的媒介环境中通过定期发布推文、视频的方式向用户传播自己的品牌文化、企业产品信息，让用户更真实、更近距离地接触企业本身，并且通过定期举办福利小活动等方式，巩固企业的用户忠诚度。微信小程序的上线，让企业可以直接将自己的产品链接在公众号的文章之中，宣传变现一气呵成。

四、聚众的作用

聚众，顾名思义就是在进行推广营销之后将对品牌产品感兴趣的消费者聚合在一起，进行下一步的培养，逐步发展成核心用户的一个过程。聚众的本质就是社会化营销，聚众的流程在于吸引观众、增加粉丝数量，使流量变现。

（一）社会化营销

社会化营销亦称社会化媒体营销，是利用社会化网络、在线社区、博客或者其他互联网协作平台媒体进行营销，是公共关系和客户服务维护开拓的一种方式，又称社会媒体营销、社交媒体营销、社交媒体整合营销、大众化营销等。社会化营销的特点在于周期长，传播内容信息量大，传播形式多样，对传播内容和互动技巧要求较高，需要时进行实时的营销监测分析总结，需要依据实际变化对营销方案做出实时调整等。社会化营销是伴随着互联网普及而崛起的一种营销方式。

社会化营销的优势在于以下几点：

1. 目标客户定位精准

在社交网络中用户的海量信息在不经意间被互联网所收集，虽然有许许多多信息涉及个人隐私，但是抛除这些隐私不谈，可公开的信息对企业来说就是一笔巨大的财富，通过对用户发布和分享的内容进行分析就可以有效地判断出用户的喜好、消费习惯以及购买能力等信息。

2. 社会化媒体的互动特性可以拉近企业跟用户的距离

社会化媒体的崛起让我们体验到了互动带来的巨大魅力。在社交媒介下，企业有了自己的官微和官博，在社交媒介上企业和消费者是平等的，借助社交媒介的沟通便利性，企业和消费者可以方便快捷地互动，打成一片，更好地塑造良好的企业形象。

3. 社会化媒体的大数据特性可以帮助我们低成本进行舆论监控和市场调查

社交媒介既是沟通平台也是舆论监控和市场调查的平台。在社交媒介上，企业可以通过关注媒介的舆论热搜走向，低成本的进行舆论监控，让企业在舆论危机爆发的第一时间进行危机公关，减少舆论危机给企业带来的负面影响。同时，企业通过社交平台的大量数据分析挖掘新的消费热点。

4. 社会化媒体让企业获得了低成本组织的力量

社交媒体的产生让社群的建立难度系数降低，企业可以通过社交平台轻易地建立起庞大的粉丝宣传团队，这些粉丝宣传团队在发布新品或者宣传活动的时候就会起到成本的宣传作用。

（二）聚合受众

麦奎尔在其《受众分析》一书中指出："受众分为结构性受众研究、行为性受众研究和社会文化性受众研究。"在自媒体时代，受众通过使用自媒体来缓解生活压力带来的焦虑，通过自媒体获取自己想要知晓的信息，通过自媒体来为自己的情感找到寄托得到感情交流，实现自我等。在进行信息获取和情感找寻的时候，受众会在不同的组合中与原本陌生的信息和人产生情感共鸣，进而产生意识的认同，最终完成受众的聚合。

第二章

视频广告策划

第一节 视频广告的品牌策略

一、品牌有无策略

（一）品牌化策略

品牌化策略指企业对所拥有的产品品牌进行一系列的营销策划活动，对该品牌产品进行推广、营销，目的是使消费者加深对品牌的认知。

使用怎样的品牌化策略应根据该品牌的具体情况进行选择。企业在创造品牌、选择品牌策略时，应根据产品已经或想要达到的目标进行品牌策略的选择，才能充分发挥品牌的优势，建立良好的品牌形象，提高品牌知名度，利用品牌的增值效应，达到企业与消费者双赢的目标。并且企业不局限于只使用一种品牌策略，也可以按照实际情况采用其他品牌策略，实行多种策略的形式。

在视频广告中，通过运用不同的品牌策略来对视频广告进行脚本的创意构思，才可以更好地推广产品，快速被消费者所熟知。

（二）无品牌策略

无品牌策略即不使用品牌策略，是产品制造商或分销商将产品以注册商标、包装简易、价格低廉的状态推向市场的策略。是否使用无品牌策略，取决于产品的定位与特性。市场中有些产品由于其特性，例如生活必需品等，消费者无须对其进行品牌上的选择，或是当产品使用品牌策略会产生大量的成本与风险的情况下，也会选择无品牌战略。

比起品牌策略，无品牌策略产品主要侧重通过经营策略与商场售卖来推广产品。首先，中小企业使用无品牌策略可以有效地节省成本，省去在品牌商标设计、推广、宣传上的一切工作与开销；其次，使用无品牌策略还可以有较低的市场风险，规避了因为其品牌形象出现问题而产生的风险；另外，使用无品牌策略还可以让中小企业更专注于自己的核心竞争力，省去与品牌相关的活动，专注于发展核心业务。

二、品牌归属策略

品牌归属策略又称品牌负责人策略，即指对产品品牌归属权问题做出策略选择。制造商与中间商为了发展产品、减少成本，增强消费者对产品的认知，树立品牌形象，会在众多品牌中选择合适的产品品牌进行采用。

在进行视频广告制作之前，要对产品的品牌归属进行研究与分析，制定出适合产品推广的视频广告。

（一）生产者品牌策略

生产者品牌策略指采用生产者自己的品牌对产品进行推广营销策划，也称制造商品牌策略或全国性品牌策略。这种策略适合在市面上有一定的影响力和号召力的生产品牌。生产者生产完产品后直接经过自己的品牌进行推广和销售，减少了中间商和经销商赚取差价的成本和损失，有助于节省经费与资源；另外还能够直接传达产品生产者对该产品的生产概念与生产理念，减少了因中间商与经销商对产品了解不足而产生的营销与推广差异。同时，这种营销策略方式也能够降低产品的价格，低廉的价格能快速吸引更多消费者了解产品。

选择使用该策略的产品生产者一般为享有盛誉的品牌，在消费者中有一定的知名度。所以视频广告应围绕生产者品牌进行宣传和推广，让消费者根据品牌得知产品，继而产生对产品的信任。

（二）经销商品牌策略

经销商品牌策略指使用经销商或中间商的品牌推广产品，也称自有品牌策略或中间商品牌策略。这种策略适合于生产商不能很好地承担产品的推广与营销活动，只能借由产品中间商或者经销商进行营销活动。使用这种方式有助于企业实施差别化竞争策略，形成自己独特的个性，用有特色的产品争取更大的市场份额，使消费者对该企业产品产生偏好与依赖。同时，这种方式也有利于企业确立市场竞争优势，保证产品质量，加速资金周转，能够贴近消费者需求，及时、准确地把握市场需求的特点及变化趋势。

根据发展趋势，这种策略方式的使用占比近年来呈上升趋势，主要原因为经销商作为重心放在品牌上的企业，能够专业的维护品牌形象，并给消费者提供优质的购买服务体验；经销商品牌的产品，其定价一般低于使用生产者品牌，低廉的价格更能吸引消费者了解并购买品牌产品。

在策划视频广告时，要注意协调生产商与经销商的宣传占比，经销商应占据大部分宣传比例，在环境分析时也应着重分析经销商品牌环境。

（三）混合品牌策略

混合品牌策略指产品一部分使用生产者品牌，一部分使用经销商品牌。这种营销策略是一种混合型策略，根据产品的不同特性与条件进行相关的营销策划活动，综合发挥两种方式的优点来展现产品的优势，更好地把产品推广出去。

使用混合品牌策略需要产品与品牌的高契合度，而视频广告也可以着重从这个点入手，根据生产者品牌与经销商品牌融合的不同比例进行策划，将两种品牌与产品的优势同时发挥出来，更有效地把产品推向市场。也可以根据产品的相关特性，结合产品的品牌，综合两种策略易于推广的方面，进行创意视频广告策划，让消费者不仅了解产品的相关信息，并对产品自身的生产者品牌与经销商品牌也能有所了解。在这种策划方式中，产品、生产者品牌以及经销商品牌之间应该是互相成就的。

三、品牌统分策略

（一）统一品牌策略

统一品牌策略指一个企业无论有多少种产品，其产品面向的消费群体是什么，都使用同一个名称、标识、设计的品牌策略。一个企业的产品之间如果有一定的联系，就比较适合使用统一品牌策略。统一品牌策略有助于企业节省推广与设计成本，用最低的成本让目标消费者了解产品，达到销售产品的目的。使用统一品牌策略也要注意该品牌下的其他产品，否则容易产生联动效应。

使用统一品牌策略的产品，企业一般拥有很高的品牌知名度与品牌影响力，比起产品，品牌似乎更能够成为视频广告策划的重点之一。在前期策划阶段，可以分析企业文化与企业特色，利用企业独有的符号、概念等元素进行加工与设计。同样，也要注重旗下所有产品之间的联系，通过特定的联系搭建信息桥梁，使用系列性或者连锁性的视频广告，使消费者能够通过广告来建立产品之间的联系，更加深刻地了解产品品牌与产品本身。另外，也可以考虑增强广告的故事性，将产品信息融入故事情节，让消费者在了解故事情节中不知不觉对产品本身有所认识。

（二）个别品牌策略

个别品牌策略指一个企业对其所生产的不同产品使用不同的品牌策略。当一个企业生产的不同产品之间关联性不大或毫无关联时，建议使用个别品牌策略。企业使用个别品牌策略将产品割裂开来，虽然降低了产品联动的风险性，但会增加企业在设计、推广和营销上的成本，会给企业的健康发展增加压力。

与统一品牌策略不同，因为使用个别品牌策略的产品一般关联性不大，所以不同品牌产品之间的视频广告制作也不需要关联性和故事性，同样也就不需要消费者对所有品牌都有所了解，使用个别品牌策略产品的视频广告应把策划的重点放在单个产品的推广上。前期策划阶段可以着重调查分析产品的自身特性、本身环境等，以产品自身特色为出发点，使用对比、夸张等手法向消费者传递产品信息，使消费者先被产品所吸引，而后引起对产品的需求，从而形成购买行为。在视频广告策划过程中，应始终以产品作为主线，注意产品本身与品牌的详略关系，均衡两者占比。

（三）分类品牌策略

分类品牌策略是指企业对其不同产品分别命名的品牌策略。当一个企业的所有产品能够按照一定类别区分的时候，便可以使用分类品牌策略。分类品牌策略，有助于不同类别产品的分别成长，同时一个产品建立起来的品牌知名度也能够为其他产品所共享。

这种品牌策略位于统一品牌策略和个别品牌策略之间，旗下一部分产品之间有一定的联系，所以在进行视频广告策划时，同类别的产品一起推广，策划主题集中于突出产品之间的联系，让消费者从中挑选更能吸引自己的产品。品类之间没有联系的产品，便可以进行分别推广，面向不同的消费者进行有针对性的策划与投放。品类之内的产品可以使用相应的手法来引起消费者的兴趣。另外，为了能够提高产品宣传的效率，在进行视频广告策划时可以适当通过名人效应推广产品。在企业经费允许的前提下，使用不同的名人进行代言，利用粉丝经济和大众效应，形成几种品类产品同时进行向不同群体推广的格局。

（四）企业名称+个别品牌策略

企业名称+个别品牌策略是指企业对旗下不同产品分别使用不同的品牌策略，并在品牌前加上企业名称。当一个企业的知名度大于旗下某一品牌时，可以采用这种方法。企业名称+个别品牌策略能够用企业的知名度带动品牌在消费者中的认知度，从而降低了推广和营销成本。是否使用该品牌策略着重取决于企业知名度，在消费者对企业很熟悉却对旗下品牌不是很了解的情况下，冠以企业名称就等同于冠以一份保障。

在为这种产品进行视频广告策划时，应把重点放在企业特色上，从消费者对于该企业了解熟悉的点入手，吸引消费者的注意力，令消费者主动去了解该企业旗下的产品品牌，进而形成购买行为。在前期设计中，应着重突出产品的企业名称、企业口号等能够让消费者第一时间认出该企业并且提高注意力的元素；后期推广阶段，可以使用权威型推广策略，加深消费者对新产品的信任，并加深品牌印象。

四、品牌扩展策略

（一）品牌扩展策略

品牌扩展策略又叫特殊品牌策略，指企业利用旗下已经成功推广的品牌进行产品改良或产品推新。使用品牌扩展策略的品牌应在消费者群体心中已

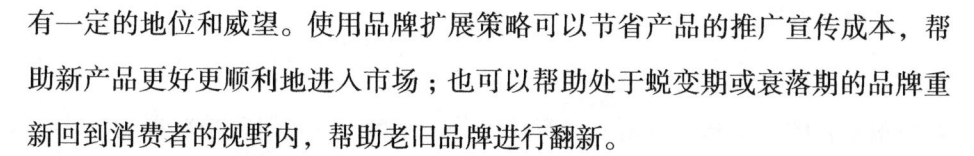

有一定的地位和威望。使用品牌扩展策略可以节省产品的推广宣传成本，帮助新产品更好更顺利地进入市场；也可以帮助处于蜕变期或衰落期的品牌重新回到消费者的视野内，帮助老旧品牌进行翻新。

在为这类产品进行视频广告创作时，应对该品牌有详细的了解与调查，从品牌的特点以及文化入手，运用幽默或者写意的手法，唤起消费者对该品牌的记忆与认知，与消费者形成共鸣。

（二）品牌扩展策略使用不当导致的问题及解决方法

1. 问题

（1）品牌产品定位出现偏差。实行品牌扩展战略的品牌在消费者心中已经有了一定的形象认知和定位，如果在初期产品定位设定时，脱离品牌本身定位另辟蹊径的话，很有可能导致消费者对产品产生认识偏差，不利于产品的推广与销售。

视频广告中，如果过于脱离产品原来的定位形象，采用其他的调性风格，会导致消费者头脑中无法形成相应的产品概念，反而达不到让消费者了解产品的目的。

（2）损害品牌的良好形象。当品牌已有良好的形象时，选择不当的品牌扩展战略反而会适得其反，损害已有的良好形象。有些品牌企业在收购、兼并其他公司时没有进行适当的策划与分析，被收购公司能力不够，生产出不是品牌企业原有档次的产品进行销售时，导致其产品质量下降，品牌口碑被拉低，本有的良好品牌形象被破坏。

因为档次不同的品牌面对的消费者群体不同，视频广告设计的调性也不尽相同。当一个品牌旗下产品档次落差较大时，其视频广告的调性也会参差不齐，可能会导致某些消费者对此产生认知混乱甚至抵触心理，不利于产品的推广。

2. 解决方法

（1）进行品牌扩展前对品牌状况具体分析。具体问题具体分析是广告策划中很重要的一个基本原则，只有具体分析品牌产品所处环境状况后，才能更加精准清晰地进行推广营销。在前期调查分析阶段，通过分析产品所在环境现状，便可为该产品制订一个比较合适的定位，再据此继续策划推广，这样消费者能更清晰地了解产品，选择能够填补自己需求的产品。

在制作视频广告时，前期调研得出的结论对于之后视频广告的整体风格表达和中心内容的表现都是十分重要的。只有在前期用户分析中找到消费者的需求点，才会使视频广告的内容有的放矢，更有针对性。

（2）使用新颖独特的方式进行品牌扩展。实行品牌扩展策略时，如果继续沿用旧产品或是企业以前的方式进行拓展推广，会使消费者逐渐感到疲倦，通过使用更加新颖独特的营销方式，可以调起消费者的新鲜感，让消费者在了解原有品牌的基础上眼前一亮，对产品产生新的兴趣。

同样，也可使用新颖独特的方式创作视频广告，比如传统品牌融入新元素等方式，利用一定的反差使广告贴近消费者内心世界，通过引起感情共鸣来刺激消费。

五、多品牌策略

多品牌策略指当企业发展到一定程度后，利用自己创建起来的一个知名品牌延伸发展出多个知名品牌的战略计划。多品牌策略中的多个品牌既相互独立，又存在一定的关联。

使用这种多品牌策略的企业一般为知名度较高、规模较大的企业，旗下产品一般为同一类型（食品、洗护等），因为企业规模过大、子品牌过多，消费者在使用该子品牌时往往忽略藏在背后的母公司。

【例】宝洁公司

宝洁公司便是成功使用多品牌策略的典型案例之一。宝洁公司是一家美国日用品生产商，也是目前全球最大的日用品公司之一。其旗下品牌有潘婷、飘柔、汰渍、安娜苏等横跨不同领域的多个产品类别品牌。

宝洁公司在公司发展壮大时，集中发展一个品牌，当该品牌在消费者中产生信任度之后，利用其品牌优势，推出其他品牌。在推广新品牌时，消费者会将新品牌与原有品牌产生联想，利用联动效应了解新品牌，对新品牌产生信任感，企业从而能够减少新品牌的推广费用。

宝洁公司旗下产品除了洗护类，其他类产品的功效、用法都不尽相同，所以每个品牌视频广告内容也都不同，唯一相同的地方就是在广告片尾都会加上宝洁公司的Logo，利用消费者对宝洁公司的信任使其对产品产生信任，促使产品能够迅速推向市场。

六、品牌重新定位策略

品牌重新定位策略指企业在消费者的兴趣喜好产生变化的情况下，对旗下品牌进行改良与重新定位。消费者的需求和喜好会随着时间的推移或品牌企业的变故产生改变，为了顺应市场的变化，抓住消费者的去向，企业应该视情况对品牌进行改良与重新定位。

加多宝与王老吉事件想必大家不会陌生，最初王老吉只是加多宝旗下的一个品牌，但是因为种种矛盾积累，最终王老吉与加多宝分道扬镳。加多宝集团在分离出王老吉后对自己旗下的凉茶品牌直接更名为"加多宝"，并且更改广告词为"怕上火喝正宗凉茶加多宝"。

【例】加多宝更改前后视频广告截图分析

更改前,产品名称为加多宝集团王老吉凉茶,产品定位是王老吉凉茶,广告文案为"怕上火喝王老吉"。

更改后,产品名称为加多宝凉茶,产品定位是加多宝红罐凉茶,广告文案为"怕上火喝正宗凉茶加多宝"。

王老吉与加多宝事件结束后,消费者对于事件过程以及结果并不了解,所以加多宝集团为了防止原有品牌所吸引的消费者流失,在广告里对加多宝凉茶的"红罐""还是原来的配方"等卖点进行反复强调,并且沿用过去的"怕上火,喝加多宝"的广告文案,利用消费者对产品特点的熟悉记忆,使其保持对产品的忠诚度。

第二节 视频广告的营销策略

一、情感营销类策略

情感营销类策略指在营销活动中加入消费者的情感元素,从而满足消费者某种情感需要的营销策略。情感类营销是营销策划活动中普遍使用的一种营销手法,通过满足消费者的情感需求来增加消费者对于产品的注意力,使消费者产生购买行为,提高消费者对产品的品牌忠诚度。随着生活水平的提高,消费者购买产品不仅是满足自己对产品某种特性的需要,更是满足自己对产品的一种心理寄托和情感认同。

在视频广告策划中,当品牌产品容易引起消费者情感共鸣与认同时,可以使用情感营销类的手法。在视频广告中使用纪实或者怀旧风格,用更加有人情味的故事或事件使得消费者受到触动而产生情感共鸣;或加入拟人或比喻手法,给毫无生命的物品赋予人的神韵，使得其更加贴近生活，令消费者寓情于物，增加对产品的注意力。情感营销类手法也适用于公益视频广告类型。

【例】杭州下沙奥特莱斯"折就是爱"促销活动宣传微电影

片中妈妈喜爱高跟鞋，在与女儿逛街时却因不舍没有买，女儿向妈妈承诺等自己长大了会给妈妈更好的。女儿工作后，因种种原因还是没能实现自己的承诺。等到女儿生活稳定后，终于给妈妈买了一双高跟鞋，却被告知妈妈早就穿不动高跟鞋，并且已经把自己珍贵的高跟鞋都收了起来。之后引出文案"我们成长的速度永远追不上父母老去的速度"和"杭州下沙百联奥特莱斯，给你现在就买得起的价格"。

这个微电影通过女儿与母亲之间发生的小故事，向消费者展示了子女与父母之间付出与成长的故事。开头首先通过女儿的一句"我们都说过这样的话"，来引起奥特莱斯购物中心年轻的目标受众群体的感情共鸣；其次，用第一人称的形式讲述女儿与妈妈之间的故事，让观看者有一定的代入感；最后，故事结尾情感升华、紧扣主题，在触及观看者情感点的同时引导观众身临其境，调取自己的记忆，从而对品牌活动有了兴趣。

二、体验营销类策略

体验营销类策略指将消费者带入某种情境，使消费者通过看、听、参与等方式，亲自参与到广告中来，从而调动自己视觉、听觉等感官，重新定义自己对产品的概念的营销策略。这种营销方式主要围绕顾客，比其他营销方式更加注重顾客本身的感受。使用体验营销方式，通过某一特定的主题，让消费者自我找到适合的方式，使企业能够更好地挖掘消费者的需求。体验营销类视频广告近年来也是人们追捧的种类之一。

一般的体验营销类视频广告创作类型有以下五种。

（一）知觉体验

知觉体验即应用感官体验来刺激消费者对产品的实际感受，从而以第一人称视角亲自感受产品，得以激发消费者的购买欲望。视频广告中最基础的知觉体验便是视觉和听觉，现在的 VR 技术也可以调动观众的触觉甚至是嗅觉、味觉等，未来的科技发展，视频广告调动更多感官参与。

（二）思维体验

思维体验即用画面调动消费者的思维，从而引起消费者产生惊奇、快乐等思维，直至引起消费者的思考与争论。消费者接触这一类的视频广告后，会进行一定的反馈，甚至造成一定的话题性。当话题性形成的时候，也会给产品的推广和传播带来很大的帮助。判断视频广告是否成功推广的一大特征，是其是否造成一定的话题性，视频广告的话题性与传播性是成正比的，消费者会在日常话题讨论中传播产品品牌信息，达到产品推广的目的。

（三）行为体验

行为体验即通过视频广告告诉消费者不同的生活方式，指导消费者如何将自己的生活变得丰富。这种方式用于生活类产品居多，通过这种视频广告，消费者会审视自己原来的生活方式，并且会按照视频广告的内容做出一些改变，这时消费者就会产生一定的购买行为。

（四）情感体验

与情感营销类策略着重消费者的情感调动不同，情感体验类营销策略主要目的在于给消费者一种情感上的体验，让消费者通过观看视频广告，被动地感受到视频广告想要传递给消费者的情感。在此过程中，消费者可能不会将这种情感与个人经历产生联系，但是却能直观地感受到品牌产品传达的情感。在经过这种感官上的共情后，消费者自然会对品牌调性以及产品进行自发了解，直至产生购买行为。

三、植入营销类策略

植入营销类策略指将品牌的商标、产品、广告语等能够代表品牌的符号融入电影、电视剧、综艺节目中，并且成为其内容的一部分的营销手法。在各种媒体形式占据消费者生活主导的状况下，消费者对于普通的广告模式变得疲劳甚至厌恶。如果将广告植入消费者日常接触的媒体内容中，使得消费者潜移默化地接受产品品牌的宣传；抑或为了感受媒体内容中主人公的体验，而主动去了解品牌产品，产生购买行为。植入营销类广告有很强的接受率和到达率，观众在关注媒体内容的同时也接收了品牌内容法人推广宣传，并且自主地接收品牌信息；并且媒体内容是可以无限期观看的，所以也就连带着媒体内容中的广告可以在一段时间内进行多次推广和宣传。同样，媒体内容中的植入性广告也可以很好地发挥名人效应，发挥消费者的从众追捧心理，从而购买产品。

由于植入营销类广告多投放在电影、电视剧、综艺节目等视频媒体中，因此视频广告占了很大的比重。在策划设计植入营销类视频广告时有以下几种方法。

（一）场景植入

场景植入指将品牌的产品、商标、广告语等能够使人联想到品牌的代表符号放入媒体内容中，使其成为场景的一部分。场景植入的手法可以使观众在观看的同时注意到符号，从而加深对品牌的认识。

（二）对白植入

对白植入指在媒体内容人物之间的对白中加入品牌元素。对白植入采用让剧中人物在剧情设定下表达出品牌的代表符号，能够使观众在了解剧情的情况下也对品牌产生了一定的了解。

（三）情节植入

情节植入指品牌代表元素作为一条贯穿全剧的主线而存在，直接成为重要情节的一部分。在这种表现手法下，品牌元素不是剧情中可有可无的一部分，而是成为可以推动剧情发展的重要一环。在观看媒体内容时，观众为了厘清节目的剧情和逻辑，必须对品牌进行了解，以此达到品牌宣传推广的目的。

（四）形象植入

形象植入指将象征品牌的行为、精神、广告语等元素置入人物形象中的营销手法。当品牌自身的形象元素与剧中人物的形象相重合时，观众在揣摩剧中人物时就能主动记住品牌的形象与其传达的精神，从而使品牌形象能深入消费者的内心。

四、口碑营销类策略

口碑营销类策略指企业利用口碑的力量向消费者推广宣传其产品的营销方式。口碑可以是来自名人、权威和同一经历人群的推荐，也可以是来自一段故事，一个事件或者一句话。但是总的来说，口碑营销就是企业通过调动消费者所信服的人或事，将产品通过消费者的生活进行推广，让消费者信服

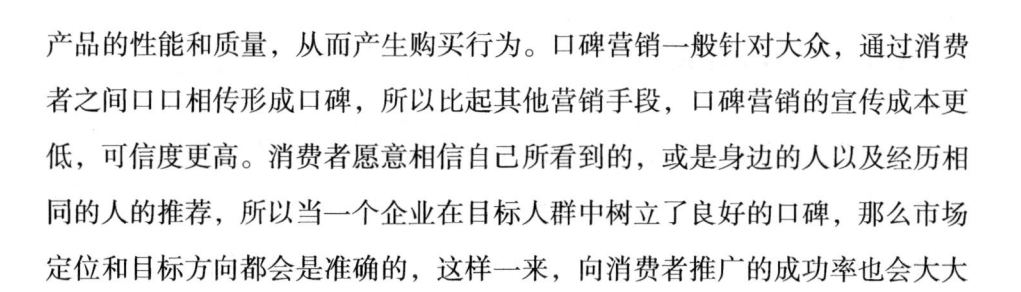

产品的性能和质量，从而产生购买行为。口碑营销一般针对大众，通过消费者之间口口相传形成口碑，所以比起其他营销手段，口碑营销的宣传成本更低，可信度更高。消费者愿意相信自己所看到的，或是身边的人以及经历相同的人的推荐，所以当一个企业在目标人群中树立了良好的口碑，那么市场定位和目标方向都会是准确的，这样一来，向消费者推广的成功率也会大大增强。

在视频广告中，口碑营销也是很多人选择的方法。常用的一种设计方法是，企业从旗下品牌的定位出发，根据定位设计一个活动，用纪实的手法将消费者群体普遍的现象形象化，然后再与品牌定位相结合，或是将产品定位具象化，添加一些能引起话题的事件或活动，让观众在茶余饭后的讨论中主动接受企业和品牌的信息。

【例】农夫山泉水源地广告片

在农夫山泉水源地广告片中，先是用纪实手法拍摄了农夫山泉品牌水源地美丽的自然景观，大自然与野生动植物之间和谐相处的画面让消费者为之动容。之后是农夫山泉产品文案"什么样的水源，孕育什么样的生命"，指出农夫山泉水源地水源优质，来源自然纯净；而后是农夫山泉品牌产品及其文案"我们不生产水，我们只是大自然的搬运工"，指出农夫山泉在不破坏生态平衡的前提下，使用天然优质的水源供消费者饮用。

在这则广告中，农夫山泉没有直截了当地表达出产品定位以及特质，而是利用大自然美景和灵动的野生动物，向消费者传达真实和真心。农夫山泉品牌将此打造成了一个话题，并用吸引人的画面、朗朗上口的文案和易于传播的主题，打造成了人们茶余饭后的话题谈论点，也因此实现了对自己品牌理念和定位进行传播的目的，使消费者产生购买行为。

五、事件营销类策略

事件营销类策略指企业通过利用社会上有一定影响力的人物或事件进行营销，从而吸引媒体宣传来吸引消费者注意的营销手法。企业利用热点事件和热点人物策划、组织营销活动，来吸引媒体、社会团体以及消费者的注意，不仅对旗下品牌产品进行了宣传，而且还提高了企业知名度，在消费者心中树立了良好的企业形象，是一种快速提升品牌知名度与美誉度的营销手段。对于企业来说，事件营销应该是有一定针对性的，一个或一类热点事件或者热点人物都应该是针对一个主题的。同时事件营销还应该具有可控性，企业应当选择合适得体的事件进行营销活动策划。

在事件营销类视频广告策划时，有三种策略会对策划有所帮助。

（一）事件策略

简单来说，就是指利用每天实时发生的各类热点事件进行视频广告的策划和制作。这要求能够快速反应热点事件，并且找出可以与品牌产品相互照应的、得体的表现形式，同样可以加入幽默和夸张的手法，或者运用带有讽刺意味的观点进行阐述。

【例】999广告片《健康本该如此》

该广告片先是利用当下比较热点的话题——朋克养生，举例说明朋克养生是现代年轻人的通病，让消费者产生兴趣，然后提出问题"还要这样过下去吗"，令消费者深思。"999"作为一个医药类品牌，以时下的热点健康话题引出企业传递健康生活理念的品牌概念。

（二）名人策略

名人策略是指利用热点人物或者有权威性的人物进行视频广告的策划与制作。与事件策略不同，名人是自带一定的知名度和影响力的，如果企业能够很好地将事件与人物影响力相结合的话，那么结果将会事半功倍。

【例】小罐茶系列广告

小罐茶系列广告请小罐茶制作工艺与包装设计方面的负责人，从权威人士口中亲口说出小罐茶的生产理念和设计理念。比起传统的广告文案、广告语，这种展现手法更能让消费者信服，亲身经历者的娓娓道来，减少了二次叙述传达的不确定性，消费者会更喜欢这种表现手法，然后被产品所呈现的调性所吸引。

六、饥饿营销类策略

饥饿营销类策略指企业在向消费者推广商品后，使消费者产生购买的欲望，企业刻意减少产品的提供，塑造出供不应求现象的营销手段。企业因为不活跃的市场和不积极的消费者购买欲望，有时会通过饥饿营销手段抬高产品价格，获取更高的利润。饥饿营销仰仗着品牌强大的号召力，当品牌号召力达到一定程度，消费者又因产品供应不够无法实现购买行为，这时品牌无形中得到了很好的宣传。这时，企业加以宣传和调度，消费者的购买积极性就会大大增加，也会培养出一大批的忠实消费者。

饥饿营销的成功并不是简单地哄抬调价，"量力而行"是饥饿营销手段的重要原则之一，企业需要结合自己的品牌调性、产品特性等因素，综合考虑实行各种活动手段的时机，把握好尺度，再加以宣传造势，能够使营销效果更上一层楼。

在视频广告策划中，饥饿营销的手法并不容易表现出来。许多企业使用饥饿营销一般是用于销售手段，但是可以运用视频广告，在企业宣传产品性能和品牌概念的时候，为企业的营销手段润色不少。使用饥饿营销手法比较成功的案例之一就是小米手机的营销活动。小米手机每次在新品推出的时候都是分批次售卖，每批次限量发售，这种营销方式每次都会引起消费者极大的购买欲望。消费者愿意去购买小米手机，有很大一部分原因是因为小米公司在前期大力宣传小米手机的性能优点，功不可没的也当属视频广告了。

作为实行饥饿营销手法的品牌的宣传视频广告，最重要的是向消费者宣传其产品的优秀特质与性能。就如同小米手机广告一样，将小米手机精致的外形整体展示给消费者，然后将每一个细节放大，突出小米手机新品的特色功能，让消费者对产品产生浓厚的兴趣，再加以企业对产品供应量的控制，饥饿营销的手段便会让企业获得更大的利润。

七、会员营销类策略

会员营销类策略指企业采取消费者会员制度，加入积分制、折扣制等手法管理消费者，激发消费者的购买欲望，同时增强后续消费力的营销手法。企业为了鼓励消费者购买，会以会员形式发展消费者，并向会员提供差异化服务与精准化营销，从而提升顾客的黏性与购买频率。这种营销手法在现在是很常见的，大到奢侈品品牌小到街边奶茶店，都会实行这种会员鼓励制度营销方法，因为这种营销手法最容易把控并且风险最小。

会员营销手法大致分为四类：忠诚度为主，消费者在消费后给予激励制度，以便下次消费时使用；活跃度为主，给予消费者消费积分，消费者多次购买形成积分积累后可以获得积分优惠；给予关怀为主，为会员消费者赠送生日红利，从而鼓励其他消费者加入；建立口碑为主，消费者给予好评会有返现，或邀请其他消费者购买都会获得优惠。

在视频广告策划中，会员制一般是将企业的会员制度和鼓励消费者购买的政策，运用简单的手法呈现给消费者，从而引起消费者的兴趣并主动了解品牌及产品，最终对商品产生购买的欲望。

第三节　视频广告的媒介策略

一、电视媒体类策略

（一）按电视媒体类型分类

相较于其他媒体，电视媒体属于发展比较成熟的媒体之一，作为消费者中最为普及的一种媒介策略方式，我们把电视媒体分为两类。

1. 无线电视类媒体策略

无线电视是现在比较传统的媒介形式之一。无线电视的覆盖面积广、覆盖人群大，可根据电视节目播放的地域和观众结构投放面向不同消费者的视频广告，并且无线电视在某些时段播放的成本也较低，可以通过改变时段来调节成本的大小。

在制作设计投放于无线电视的视频广告时，可以直接根据品牌的消费者来决定视频广告的内容以及表现形式。另外，视频广告在最适合的时段出现在目标消费者的视野内，可以更有针对性地向他们推广宣传产品。

【例】莎普爱思滴眼液广告

莎普爱思滴眼液的受众群体是中老年群体，所以视频广告布局简洁、画面清晰，邀请了中老年人熟知和信赖的郎平来代言，并选择了在中老年人居多的收视时段，于各大卫视新闻节目前后播出。

2. 有线电视类媒体策略

比起无线电视，有线电视主要面对中青年群体，节目区域性高，观众的可选择性高，且高层次的观众占比较大。

在制作有线电视视频广告时，要注意考虑到观众的个性问题，使用有线电视观看的观众通常对节目有较高的自主选择性。有线电视视频广告一般出现在观众观看节目时和观众进入节目前。与视频播放平台不同，观众通常无法跳过有线电视视频广告，因此会对广告内容留有一定记忆，所以有线电视视频广告一般要在很短的时间内尽可能地表达出品牌概念和产品特性，同时考虑观众情绪，不让其产生厌烦感。

【例】歌华有线贴片视频广告

用户进入回看、点播、综艺、电视剧栏目时，片前播放 15/30s 全屏视频广告。贴片广告播出源于观众主动选择节目的收视行为，无法跳过，有益于增强用户的记忆度。

（二）按电视内容类型分类

除了按照电视类型分类，还有一种分类方法是按电视内容分类。现在电视上播放的、可以进行广告投放的节目无外乎两类：电视剧节目和综艺类节目。

1. 电视剧节目类媒体策略

在电视媒体上，电视剧节目的视频广告投放一般是植入型的，所以在进行视频广告策划时要关注原本剧情的设定，将品牌概念、符号以及产品本身与原剧情融合在一起。观众在观看电视剧的同时，不知不觉对品牌与产品的相关信息进行记忆，因此增加了观众对品牌产品广告的接触度。

2. 综艺节目类媒体策略

与电视剧节目不同，综艺类节目的连贯性不大，观众一般有选择性地观看节目内容，并且综艺类节目更加注重嘉宾之间的互动交流，所以综艺类节目的内容较电视剧节目更加新颖和灵活。

在综艺类节目投放视频广告时有两种投放位置：

（1）在节目前后投放。视频广告节奏较快，应在极短的时间内将产品的名称、效用以及品牌理念向观众表达出来。

（2）在节目中投放。一般采用植入方式，在节目明显处放置产品，让嘉宾使用产品执行任务或直接让主持人、嘉宾说出品牌名称及广告语。广告设计制作时应注意潜移默化地将品牌元素与节目糅合在一起，最大限度地减轻观众的厌烦感。

二、电影媒体类策略

与电视媒体不同，电影媒体一般在影院上映，观众能够接触到电影媒体广告的场地也多为影院。因同一部电影被聚集在一个空间内的观众具有一定的共同点，抓住这些观众的共同点进行相应的视频广告策划，就能最大可能地将品牌产品推广到其目标群体之中。

在策划电影媒体类视频广告时，可以从以下几个方面来考虑。

（一）依据观影人群类型的媒体策略

根据调查，近年来90后甚至是95后的观影人数占比呈上升趋势，观影人群逐渐年轻化，且男女比例也有所改变，男性观影者的比例正在逐渐上升，其中每年观影15~20部甚至20部以上的重度观影人群比例也在上升。

因此，在策划电影媒体类视频广告时，风格要趋近年轻化，方能吸引年轻人的注意力,从而把握住大多数观影者。例如对于男性用品(如车、男装、手表等)视频广告投放比例可以适当增加,因为消费者观影的次数增加,接触到电影媒体类视频广告的频率也会增加,所以可以考虑多次投放或者设计策划同一品牌不同内容视频广告进行投放,增加消费者的接触密度。

(二)依据观影人群目的的媒体策略

根据调查,有很大一部分观影者是因为有自己喜欢或者感兴趣的影片放映才前来观影,还有很大一部分观影者是因为和朋友休闲消遣而来。考虑到观众比较看重电影内容,在进行视频广告策划时,可以将广告内容与电影内容相关联。比如在广告中引用相似的情节,或是邀请影片中的角色为广告代言人等。观众在接触广告后,发现与自己感兴趣的内容相关,自然也会对视频广告的内容与该品牌产品产生兴趣。

(三)依据投放影片类型的媒体策略

在策划视频广告时,播放影片的类型不同,视频广告的调性也不尽相同。比如在儿童类卡通动画片中的视频广告应充满童趣,广告内容也应该清晰易懂,使儿童和家长能够轻松地了解到产品的功能和调性;在爱情类电影的放映时段,前来观影的观众大部分为情侣或夫妻,那么此时段投放的视频广告内容也应适用于情侣和夫妻之间。

(四)依据广告投放位置的媒体策略

电影媒体类广告的投放位置有三种:电影映前广告、电影贴片广告和电影植入广告。

电影映前广告和电影贴片广告即电影放映之前播放的视频广告,也称屏幕视频广告。因为广告的播出地点比较特殊，观众在等待电影开始的过程中对广告的注意力较高，而且观众也无法选择跳过，所以电影映前广告和电影贴片广告的观众到达率是非常高的。

即使如此，电影映前广告和电影贴片广告还是有一定区别的。首先，电影映前广告一般投放于电影正片开始的 10 分钟，而电影贴片广告的投放时间一般为电影开始前的 5 分钟，由此看来电影贴片广告的覆盖率略高于电影映前广告，所以贴片广告更能把产品的特质展现给观众。此外，电影映前广告形式自由、灵活，可根据产品的受众进行自主的视频广告设计，但是因为贴片广告是伴随电影进行投放的，与影片贴合度较高，所以在进行贴片广告设计前，先要了解电影相应的情节、定位、演员，从而调整视频广告的内容、调性和代言人。

电影植入广告与电视剧植入广告同理，都是在情节、人物台词或者场景中加入品牌相关元素，如品牌广告语，使观众在观看的同时加深对品牌的了解。

三、社交媒体类策略

目前社交媒体正在以压倒性的时间优势影响着人们的日常生活。社交媒体覆盖人群广、影响力大，能够比较容易地集中消费者注意力，在社交媒体上进行合理的广告策划、制作、投放，其宣传的速度、广度和深度是很高的。所以在社交平台拥有一定传播能力的视频广告，在品牌和产品的宣传上也会有一定的影响力。

作为视频广告的策划者，我们应该注意以下三点。

（一）创意新颖

现代消费者的生活节奏快，接触社交媒体的时间并不富裕，投放在社交媒体上的广告时间不宜过长。因此视频广告设计者要在最短的时间内尽可能地表达出品牌的概念和产品的卖点。

在策划视频广告时，首先要注意广告的创意性，尽可能地吸引消费者观看广告，了解品牌。消费者在社交平台上有权选择不看或不感兴趣的广告，所以为了能在最短时间内抓住消费者的眼球，除了创意至上外，还要尽可能迎合大众的口味，让消费者不仅能够被广告吸引，还能被广告说服。此外，广告的画面感也是很重要的一点，画面应该尽可能吸引人，同时传达广告概念的文字样式也应该更加鲜明。

（二）精准投放

现代消费者善于运用社交媒体连接自己与亲朋好友的关系，所以他们也更青睐于个性化的内容。在信息化时代，如果仅仅是将广告大范围地投放在人群中，不仅达不到最好的传播效果，还容易让消费者产生厌烦情绪。

通过消费者的朋友圈、搜索内容、阅读量可以个性化地分析出该消费者的性别、年龄范围、兴趣爱好甚至是消费水平等信息，然后进行精准定位，将用户分为不同的群体，按照品牌产品的受众群体进行投放。

在策划设计这一类视频广告时，首先要清晰地了解该品牌的定位和目标受众的特点，再找出他们普遍的痛点，将产品的特效用视频广告展现出来，使得消费者能够一下子注意到产品广告。另外，比起多次投放让消费者厌烦，提高视频广告内容质量更为重要。

（三）口碑互动

口碑的宣传力度是非常大的，比起其他的广告形式，消费者更愿意相信身边人的推荐。所以在策划设计视频广告时，应在内容上形成话题，让消费者在日常交谈中提及广告内容，增加品牌和产品在消费者心中的记忆，从而增加消费者互动，提高用户参与感。此外，社交媒体类视频广告的内容应该更贴近消费者生活，让消费者内心有所触动，从而记住品牌以及产品。

四、视频媒体类策略

现代消费者因工作、学习时间不固定，相较传统电视，更愿意选择在线视频播放平台，所以将广告投放在视频播放平台可以引起一大部分消费者的注意。

按照视频广告的投放位置，大概分为以下几种。

（一）普通贴片广告的媒体策略

视频平台中的普通贴片视频广告是指投放在正式视频内容前、中、后三个位置的视频广告。视频广告时长几秒、十几秒到几十秒、一分钟不等，具体选择应看视频平台对于广告播放的要求，或根据观看者会员身份进行分档随机投放。有些平台为了鼓励消费者购买会员，便将跳过广告作为购买会员的一个红利，所以为了让更多消费者了解品牌及产品，必须利用创意将视频广告的内容变得有趣，从而吸引更多消费者观看。

（二）创意中插广告的媒体策略

与普通贴片广告不同，创意中插广告是完全镶嵌在所播放的电视剧或综艺中的。创意中插广告不同于植入式广告，它不与剧情完全融合，只是使用原班演员、原版场景，利用小剧场的方式，利用剧中演员口播的形式，将品牌与产品名称表达出来。使用娱乐的手法，将主题落脚点放在产品卖点上。这种创意中插广告设定为观众不可跳过，所以在制作此类视频广告时，广告脚本需要更加具有创意性和趣味性。

首先，创意中插广告不完全融入原剧本却也不能完全脱离原剧本。它沿用了原剧本演员的人设和装扮，用剧中人物的状态出演广告，使观众有代入感，更容易接受；其次，创意中插广告内容要有趣味性，引起观众对广告的兴趣，为了抓住观众的眼球，应该在合适的范围内，利用演员或者剧本内容，再给观众呈现出演员及剧情的另一面，让观众注意到广告中品牌与产品内容的关联。

（三）画中画广告的媒体策略

画中画广告指在视频播放过程中，在画面的左下角或右下角出现的小屏视频广告，在观众点击画中画广告时，会自动跳转到品牌产品相关的活动页面。

在策划此类广告时要注意时长，一般只有几秒到十几秒，需要在极短的时间内将品牌与产品的特性与调性向观众表达清楚。

五、流媒体类策略

流媒体指在网络中使用流式传输技术的连续时基媒体，即在互联网上以数据流的方式实时发布音、视频多媒体内容的媒体。与其他媒体类别不同的是，流媒体强调实时与互动，人们利用流媒体不需要等待便可获得自己想要获得的内容。

从网络层面来说，流媒体是多个媒体相互叠加进行融合以及多维传播的过程。随着网络流媒体的日渐发展，网络流媒体广告也成为一种网络广告投放的普遍选择。从现在的发展趋势来看，网络流媒体视频广告通常有指向性地向网络用户进行推广。在策划流媒体网络视频广告时，应该按照该品牌的产品定位群体以及产品概念，有针对性地对视频广告进行设计。当流媒体系统识别出某用户的偏好与需求时，会自动将相应品牌的视频广告匹配给该用户，精准的推送更能勾起用户的购买意愿。

从广播电视层面来说，流媒体是一种多维、生动、具体的双向互动传播。它颠覆了传统媒体单向的线性传播，实现了单向传播到双向互动传播的过渡，不仅能够增强广播电视媒体的传播度，还能及时对信息进行聚合和梳理，与观众产生互动与交流。在现代广播电视媒体的视频广告策划中，还应该考虑广播电视这个播放平台的特点。拿网络视频直播来说，可以根据观众观看的基本信息、观看的网络直播的节目类别等信息，进行用户画像分析，再根据这些信息，投放给用户相关的视频广告。所以在进行此类视频广告策划时，应该紧扣品牌与产品面向人群的特征，使得视频广告能够迅速抓住目标人群的注意力，保证视频广告精准地投放在目标人群中。

第四节　视频广告的定位策略

一、视频广告的品牌诉求

在产品的定位策略中，品牌诉求占有很重要的位置。找好了品牌的定位，就找好了策划的方向，也为之后的一系列策划推广活动打下了坚实的基础。为了让消费者认识到产品在市场中的定位，就必须找到品牌在市场中的定位。下面以几种品牌定位分别来介绍如何进行视频广告的策划。

（一）强势品牌定位

如果该品牌在类似品牌中创立时间最长且资历较深，那么就可以说该品牌是行业中的强势品牌。顾名思义，强势品牌在进行品牌定位时可以突出表现行业元老的优势。

然而比起已经接触过的产品，消费者有时会对没有接触过的、具有新鲜感的产品抱有更大的兴趣，所以在给一个强势品牌定位的产品进行视频广告策划时，应适当加入新鲜有创意的元素并与品牌深厚的资历相结合，详细介绍产品的特点和功能，从而激起消费者的购买欲。

（二）选择优势分类

产品在寻找定位时，如果行业已经有了强势品牌长期占据市场，那么应从产品本身的优势出发寻找定位、优势和卖点，从而找到对应受众人群进行产品推广。

在进行此类视频广告策划时，要把带有卖点的品牌诉求和产品定位多次明确地向消费者展示出来，让消费者能够迅速抓住产品的特质，从而产生想去了解的心理。

【例】加多宝凉茶广告

加多宝凉茶在植物性饮料行业树立了"怕上火"的消费诉求，并把这一点当作产品的主要卖点进行宣传，面向"怕上火"的消费者群体进行推广。在加多宝凉茶的视频广告中，"怕上火，现在喝加多宝"作为一句表达品牌诉求的广告语多次出现，加强消费者印象。

（三）开创独特分类

如果品牌不能在原有的行业中找到合适的、属于自己的定位，那么可以另辟蹊径找出市场空缺，将产品定位于此，开创一个属于该品牌的独特分类。在进行该种品牌视频广告创作时，应着重突出产品的独特属性，并将产品信息清晰地表达出来，使消费者能够轻松地抓住产品的核心功能，从而引发是否有相应需求的思考，进而购买该产品。

【例】红牛广告

红牛饮料是维生素饮料，但是为了和其他维生素饮料区别开来，找到属于自己的定位，红牛就把产品定位于补充能量的功能性饮料，并在制作视频广告时加入带有产品诉求点的文案："有能量，活出无限"。

（四）使用情况定位

还有一种定位手法就是将产品的功能和特性总结到具体的一个场景里，再以这个场景为背景进行品牌策划。如果产品没有把握占领大范围的消费市场，那么可以牢牢把握住某一小部分消费者，然后通过视频广告，把和该产品相关的场景植入消费者心目中，使消费者在生活中遇到相应的场景时自然而然地想起该产品，从而创建消费者心中对该产品的思维惯性。

在策划此类视频广告时，应该从产品定位的场景入手，将场景设计到视频广告中，通过反复的强调来加强消费者记忆。

【例】娃哈哈广告

娃哈哈营养快线的产品定位是早餐饮料，在其视频广告中，场景设定为早上，体现产品定位和诉求的文案是"早餐喝一瓶，精神一上午"，能够强化消费者对营养快线是早餐饮品的记忆点，当消费者在吃早餐的时候，就会想到营养快线。

（五）使用感知定位

要想让消费者对产品产生购买的欲望，可以通过向消费者展示产品使用时的感觉来刺激其消费心理。在对品牌进行定位时，强调产品的使用感觉，让消费者对此产生好奇，从而去了解产品。

在策划视频广告时，应将产品使用时的相应感觉通过画面语言传递给消费者，并同时强化具体的产品定位和概念，使消费者在心里对产品有多层次的认识。

【例】炫迈广告

炫迈口香糖将自己的产品特点定位为味道持久，遂设计了包含定位和特质的文案："根本停不下来""美味持久、久到离谱"，并配合夸张的视频广告情节与画面，引起消费者兴趣，使消费者想去了解产品，从而产生购买行为。

（六）市场销量定位

消费者有一个很重要的特性便是从众心理，当一个产品的购买量达到一定程度时，消费者会对该产品产生好奇，愿意主动去了解该产品。

在策划此类视频广告时，可以加入能够说明产品销量的画面和具体数据的文案，利用消费者的从众心理吸引消费者。

【例】香飘飘广告

香飘飘广告中，以"七亿""绕地球两圈""连续6年"等数据作为文案，配合相应的画面，让消费者注意到文案中与销量有关的数据从而对产品产生好奇。这些文案也许并没有相关的理论依据，但是却在当时成功地掀起了一股热潮，不仅更多的人知道了香飘飘奶茶，而且这些广告语更成为一种话题。

二、视频广告的营销诉求

视频广告的营销诉求即是营销过程中消费者的诉求点，针对消费者的需求突出产品的特色，并将其投入到营销活动当中。当从原本产品的品牌上找不到相应的诉求点时，可以通过营销活动来吸引消费者注意，各个营销环节独到有特色，只要对消费者有吸引力的地方都可以作为产品的营销诉求点。

（一）产品诉求

产品诉求即从产品本身出发，利用产品本身的功能特性，在众多同类产品中脱颖而出，从而吸引消费者注意。在从产品功能方面给产品定位时，产品定位不能太窄，否则会很难精准定位消费群体，当然也不宜太宽，否则不易引起消费者注意。还有一点要注意，当产品的主要功能已经发展到一定水平，难以和竞争对手拉开较大的距离时，往往要依靠产品的一些次要功能或服务来定位。

在策划视频广告时，要着重突出产品的功能特点，将其直观地传递给消费者。

【例】维达纸巾广告

维达纸巾的产品定位是"韧"，在广告片中也通过文案"韧在维达，乐在全家"，将维达品牌产品和家庭生活联系在一起。

（二）价格诉求

当一个品牌产品在其他方面无法找出相应的卖点时，可以在产品的自身价格上入手。产品的价格定位诉求有两种：高价与低价。具体运用哪种策略，要根据目标消费者的经济水平而定。

1. 高价诉求

当消费者的购买水平已经达到一定程度时，他们购买产品并不是为了更好地使用产品，而是想要购买一种身份和地位的象征。此时策划视频广告时，就可以迎合消费者的心理需求，直接表达出产品是一种身份的象征，让高消费群体产生兴趣。

【例】8848 钛金手机广告

8848 钛金手机的定价较一般手机要高很多，但是，企业将产品定位在成功人士群体，并在视频广告中加入成功人士的活动和形象，刺激消费者追求身份和地位的心理，即使在高定价的情况下，消费者也愿意了解和购买该产品。

2. 低价诉求

当产品的受众是一般消费水平的消费者时，该层次的消费者更愿意用尽可能低的价格购入自己想要的产品，所以在强调产品自身特性的同时，也要将产品价格放低，使其在同类产品的竞争者中因价格低廉而脱颖而出。

在策划视频广告时，可以将产品的价格作为卖点，使消费者了解到该产品在同类产品中的价格是比较实惠的，这样消费者就会对其产生兴趣，进而购买该产品。

（三）促销诉求

当某一产品在原价售卖无法达到预期效果时，可以采取促销活动来鼓励消费者购买。促销活动的力度是吸引消费者的一大方面，所以在策划促销类视频广告时，除了说明产品的特质和卖点，还要着重提出商品的促销方法与力度，吸引消费者注意。

【例】京东 6·18 宣传广告

京东每年的 6·18 购物节都会进行宣传广告的策划，这类宣传广告总体呈系列性，但每一个视频广告中，也会加入不同的产品元素来增加广告亮点。

例如某一个广告，将京东购物网站每一类商品品类以平常人的生活轨迹进行呈现，再加以劝说性的广告语，让消费者自然地联想到自己日常生活的同时对购物节促销活动的力度产生了解，从而参与到促销活动中。

三、视频广告的推广诉求

视频广告的一个重要的目的就是把产品推广出去，让更多的消费者了解产品。视频广告的推广诉求具有以下几个特征。

（一）视频广告主题明确

具有推广性质的视频广告主题都是十分明确的，一般是根据产品的定位以及性质来划分。视频广告的主题要根据产品的效用和目标消费者为基准而制定，这样可以精准地吸引他们。

（二）视频广告传播性强

能够将产品推广出去的视频广告需要很强的传播性，只有让更多的人看到视频广告，才会尽可能地将产品推广到目标消费者群体中。具有传播性的视频广告一般都有让人参与讨论的话题，可以是一句广告词，或者是一个情节、一个活动等。所以在策划此类视频广告时，通过加入一定的创意使其在互联网具有一定的传播性和话题性，从而为产品创造影响力和利润。

让目标消费者关注视频广告还有一个方法就是使广告具有较强的视觉观赏性。随着科技的发展，各种VR、3D技术应运而生，牢牢把握住现在科技的发展，选择最能让大众接受的表现手法，能够使观看广告的观众获得独特的体验感，从而记住广告所推广的产品。

四、视频广告的观感诉求

如果一个新的产品想要在众多同类产品中脱颖而出,而在品质和定位上不能找到闪光点的话,还可以从产品的观感方面进行设计和推广。

(一)造型观感诉求

产品的外形是消费者能直观感受到的产品特性,如果产品的外形能够给消费者留下深刻印象,那么这也是一种用来吸引消费者的方法。在策划此类商品的视频广告时,可以通过强调产品的特别外形来加深消费者对该产品的记忆。

(二)包装观感诉求

除了外形,产品包装也是消费者注重的方面之一。如果一个产品的包装足够吸引人,那么也会有很多消费者愿意去购买该产品。在创作此类视频广告时,应在广告中加入产品包装上亮点的元素,配合易于传播的广告语反复强调,从而加深产品包装亮点在消费者脑海中的记忆。

【例】三精牌葡萄糖酸锌口服液广告

这则广告很好地抓住了产品"蓝瓶"的包装特点,并把它加入到视频广告的广告语中,让消费者在观看广告的同时,记忆中形成了"蓝瓶"的产品特性,消费者在进行此类产品选择时,也会主动将"蓝瓶"这一特点回忆起来。这一策划不仅在当时产生了很好的效果,并且在此类产品逐渐退出人们视野的时候,消费者还会留存对这一品牌与产品的记忆,甚至把其作为了解那个时代的标签之一。

第三章 视频广告创意

第一节　视频广告剧本创作

一、视频广告剧本概述

（一）剧本的定义

著名导演黑泽明说过："一部影片的命运几乎都要由剧本来决定。弱苗是绝对得不到丰收的，不好的剧本绝对拍不出好的电影。剧本的弱点要在剧本的完成阶段加以克服，否则，将给电影留下无法挽救的祸根。"可见剧本构思撰写对于一部片子的重要性。剧本起源久远，古代的话本、近代的唱本都可以称为剧本，而今天的剧本则是指整部电影、电视剧、广告片等影视作品的核心骨架，它是整部作品的核心脉络，为导演的再创作提供思想源泉和艺术基础。

（二）剧本的架构

1. 剧本的格式

在影视拍摄中，剧本大约分为两类，一是文学剧本，二是分镜头剧本。文学剧本的撰写者被称为编剧，编剧既可原创故事，也可对已有的故事进行改编（个别须获得授权），一般创作好剧本后，编剧会将剧本交付导演审核，若未通过审核，则可与导演一同进行二次创作。在剧本中编剧往往通过对人物的语言、神态、行动的叙述来讲述故事、揭示主题，引发观者共鸣。

文学剧本的正确写作格式包括以下几点：题目、类别、署名、出品单位、场号、场景、时间、语言、动作等。题目、类别、署名、出品单位,这四项集中填写在剧本的封面。接下来剧本正文上则表现其他几点,首先是标注本场的出场人物、出场地点,然后是该场的剧本正文写作。

2. 剧本的结构

剧本的结构,顾名思义为剧本内容的框架,是情节内容的组织形式。作为一部片子的编剧,最重要的工作就是整理剧情脉络,确定人物场景,构建出清晰明确的剧情框架。现在最主要的视频广告都采用传统戏剧情节,即开端(起)、发展(承)、高潮(转)、结局(合)四部分。这种结构可以最大限度地调动观众的情绪和注意力。

(1)开端。开头部分除了简明交代时间、地点、人物,主要是反映作品中矛盾冲突的起点,引出主要矛盾的起因,为后续故事情节打下基础。同时,也让观众迅速进入广告片所塑造的环境。

(2)发展。发展是故事的主要部分,交代故事的主要内容。发展有以下几个作用:第一,展开故事情节;第二,刻画人物性格;第三,激化矛盾冲突。发展是影片进入高潮前的进展阶段,它在全剧中所占分量最大。剧中的主要人物、主要事件、主要矛盾冲突都要在这里展现。一出戏能否紧紧吸引观众,影片高潮能否自然合理地到来,也决定于这一部分。因此,编剧必须一方面抓住矛盾双方斗争的发展规律,依据人物性格,层次分明地使矛盾冲突越来越趋于表面化、尖锐化;另一方面又要使矛盾冲突的发展避免直线上升,而应该有波澜,有起伏。唯有如此,才能使剧情富有节奏感,能始终抓住观众。

(3)高潮。高潮是整部影片最紧张、最激烈的部分,也是影片最重要的部分。经过前期发展部分的铺垫和积累,情节的高潮往往伴随着剧中的时刻出现危险。高潮是剧情矛盾设定的结果和情感顶点,是剧情角色塑造的定型时刻。

（4）结局。结局是剧情矛盾点的解决，也是角色性格（品牌文化）的最终形成展现。结局分为两种，一种是闭合性结局，在结局回答了剧情的全部疑问，满足了观众的心理预期；另一种是开放式结局，在结尾并没有回答剧情的全部问题，而是让观众自己遐想即将发生的故事。好的结尾应做到即使观众满足，又留有回味的余地，充分显示编剧的思想深度。

二、视频广告剧本构思

（一）素材的积累提炼与桥段改编

素材是剧本写作的基础，剧本题材则是对素材的选取和提炼。素材的来源大致有两类：一类是经典桥段的整理收集；另一类则是对大千世界的接触感悟，对人生百态体验的收集。剧本创作大致经历四个阶段，一是剧本的构思阶段，二是故事的大纲阶段，三是剧本大纲，四是完稿阶段。

1. 体验生活

任何故事都是在讲述人的生活，在体验生活与积累经验的过程中，我们要学会观察和了解别人。观察人和了解人可以通过两种方式进行，一种是理论，所谓理论就是利用心理学知识指导我们去了解人。心理学是探讨人内心世界的科学，其涉及知觉、认知、情绪、思维、人格、行为习惯、人际关系、社会关系、性格等领域，也与日常生活的家庭、教育、健康、社会等领域发生强关联，从基础的心理学常识中我们可以了解人的性格成长分哪些阶段，人的内心世界和外部环境有什么关系等。另一种是实践，也就是亲身经历，比如通过观察身边的亲人、朋友甚至是陌生人，从他们的言行举止中试图揣摩他们的态度和了解他们的内心活动。如此一来，就可以在进行角色创作时，将自己熟悉的人的性格特征、行为特色套用在角色里，这样会让我们塑造的角色更加贴近生活，真实有趣。

2. 素材积累

一个好的编剧必须时刻关注日常生活，生活是剧本最好的素材来源。作为一个编剧要有时刻记录生活的习惯，比如日记、生活随笔等。只有通过大量日常生活的信息累积，灵感才会在进行剧本创作时不断迸发与涌现，那么，剧本写作也就能一气呵成。另外还可以通过间接渠道获取信息，诸如微博、微信等互联网新媒介。在浏览这些新媒体平台时会有意无意地发现许多有价值的信息，将这些有用的信息记录并加工改造，就有很大概率成为一个优秀的剧本素材。

3. 内容提炼

一个优秀的剧本往往是通过大量的素材积累形成的，优秀的编剧会通过现实生活以及日常信息来获取素材。剧本的创作过程也被称作灵感创作过程，这个过程往往要经过挑选、剪切与提炼三个阶段，然后就形成剧本题材。题材从广义上说是指社会生活的某个领域或者某个方面，比如科幻题材、爱情题材、都市题材、家庭题材等。狭义上的剧本题材则是由人物、环境、情节三要素构成。

4. 经典桥段

经典的视频广告之所以被称为经典，并不是指演员的阵容有多强大，而是视频广告本身的剧情安排十分巧妙、经久不朽，给人以视觉和心灵上的双重冲击，能够让人们在无形中牢记影片中的产品以及品牌等营销信息。

（二）写作思维

1. 夸张化思维

夸张是指将现实世界的事物特征加以强化，突出事物的本质，或加强作者的某种感情，强调语气，烘托气氛，引起观者更多的联想和加强视频的艺术宣传效果。夸张分为三类：即造型夸张、表演夸张、情节夸张。

2. 变形化思维

变形是指视频广告不借助任何特效和剪辑手段，将屏幕内容进行有目的、可控制的改编成另一种形态。

3. 符号化思维

符号化思维是指将声音、思维、味道、动作等事物在视频广告中赋予具体形象、传播信息。符号化思维具有两个典型特性：一是显而易见的形象；二是承载着某种特殊的内在含义。

4. 拟人化思维

拟人化思维是指将动物、植物等或无生命的物体赋予人类的性格与情感，拟人化产品常用于一些工业产品的视频广告中，给产品赋予人格特点，塑造产品的核心卖点。

（三）剧本的主题设置

剧本的主题是指通过人物和剧情向观众传达广告片的中心思想。主题是对产品所具备的功能特点、品牌欲传递的中心思想的高度凝结，是对消费者需求深度调研后的结果提炼。简而言之，主题就是产品卖点的高度凝结。那么，在思考确定主题时，首先要考虑剧本的主题能否体现产品自身的特点，其次要考虑剧本所体现的产品卖点是否符合消费者的需求。同时，主题设置要符合产品本身的实际情况，并且在一定程度上遵循观众的价值观。

（四）剧本的情节设定与人物塑造

1. 剧本的情节设计

《〈圣经〉故事》一书的作者罗伯特·麦麦肯基说过："情节是用来命名那些可以用来构建和设计故事的、具体内在的连贯一致而且相互关联的、在实践中运用事件的模式。"也就是说情节是叙事作品中最基础的组成部分。剧本所讲述的故事是由情节组合形成的，小情节可能简单也可能复杂，但是最后必须形成一条完整的剧情线。故事的剧情线可以是简单的一条，也可以是复杂的多线叙事，最终都要达到渲染气氛、传播产品功能或品牌理念的目的。

情节分为两类：一类是戏剧类情节。这类情节往往表现生活中非常态的事件，来制造矛盾冲突、设置悬念，让观众对后续情节产生好奇的同时产生更加深刻的用户记忆。另一类是非戏剧性情节。是对生活中发生事情的反映，淡化剧情矛盾冲突，将生活的真实一面展现出来。值得注意的是，对现实生活的反映不代表完全照搬现实生活，而是对现实生活的加工凝练。举个例子，999感冒灵广告《健康本该如此》就是典型的非戏剧性情节，随着画面一起出现的，是一组触目惊心的数据：白领亚健康比例高达76%，7成人有过劳死危险，1.5亿人患有皮肤病……这个广告短片先是借现实生活中随处可见的现象，向观众抛出了一个沉重的问题：如果生命到此为止，你是不是没有任何遗憾？这种非戏剧性情节以叙述事实、平铺直叙的方式向观众展示疾病就在身边。通过加工凝练现实存在的问题，使观众产生共鸣，进而达到这则广告所宣传的品牌理念。相信每个看完片子的观众都能感受到：众生皆苦，照顾好自己，健康的体魄、快乐的灵魂不是理所当然，而是来自节制与自律。

2. 剧本的人物角色设计

（1）剧本角色的定义。剧本角色是指一部广告片中传达产品核心卖点、企业品牌理念的角色或者物体。塑造一个优秀角色必须做到以下几点：

①角色要鲜明地表现产品、品牌的特点。

②角色塑造不能千篇一律，要有自己的特点。

③角色产品的宣传属性要真实可靠，不能虚假宣传。

④角色形象设计要特征鲜明，让受众一眼就能产生记忆。

（2）剧本角色的塑造。角色塑造分为三种：第一种是外形塑造，即通过美术设定，塑造出视觉冲击力强的人物角色。第二种是语言塑造，不同于第一种的外形塑造只是通过视觉给人表象的展示，而是通过语言的设定，凸显角色的个性，使整个人物更加生动且个性化；通过语言塑造，观众能够看到画面更多的细节，感受到人物更多的内涵，突破时空的限制，想象到广告画面以外的美好；通过文字，能够让观众感受到人情、人性，这是优秀剧本角色塑造不可或缺的内容。第三种是行为塑造，编剧为角色设定的每一个动作、每一个神态都是直接反映角色当时的心理状态和性格特征，恰当的行为塑造使得角色人格更加丰满，有利于观众对剧情的理解与深度的把握，对于剧情的展开更加有利。

（3）剧本角色的设置。剧本角色会以生动的表演和鲜明的个性给观众留下深刻的印象。在视频广告中，角色是整部片子的灵魂所在，广告片是否具有强大的感染力取决于主角的角色塑造是否成功。

①主角。主角是指广告片中出现的主要角色，整个片子的剧情都围绕这一角色展开，主角也被称为剧情发展的推动者。在进行主角角色设置时，首先要注意主角必须处在矛盾突出的焦点位置，这样才能起到承上启下串联剧情的作用；其次主角的动作行为要符合实际，这样才能让观众产生认同感，产生情感共鸣。在主角的角色性格塑造上，要塑造出角色性格特征鲜明的形象，这样才能让观众产生深刻的记忆印象。

②配角。配角是指广告片中除了主角以外的角色，该类角色的设置配给是根据主角的需求来设置的，可多可少。配角的作用在于从侧面刻画主角的性格形象特征，推动剧情向前发展。在广告片中，配角并不是可有可无的角色，人物配角必须积极参与到剧情发展中去，从侧面衬托主角的地位，对比展现出主角的鲜明个性。

(五)剧本的语言写作

1. 对白

对白是指广告片中角色相互之间对话的内容。合理的运用对白可以给广告片内容增加很大的信息量，也能使画面更加生动，更容易让观众理解产品的功能、品牌的理念等。对白的呈现方式有两种：一种是和画面一同展现；另一种是和画面分开展现。无论用哪一种，都需要注意对白不能太过于书面、呆板，要使用通俗易懂的语言来编写内容。同时内容也要符合剧情的人设设定，剧本独白必须同角色的性格思想相匹配，对白还要考虑角色在剧情中所处的具体情境。

2. 旁白

旁白是指以第三方的口吻对广告片的背景、角色、情节内容、情感阐述进行评论。旁白最主要的作用就是阐明剧情，传达剧情的情感表达。大多数旁白都出现在片子的开场部分，用旁白结合画面来介绍故事，譬如方太视频广告《油烟情书》就是通过旁白的形式介绍了一对金婚夫妇的感情发展史，从而传达方太企业的品牌理念。

第二节　视频广告创意风格

一、纪实风格

(一)概述

纪实风格的原义是指主要用于处理重大的历史题材和人物传记内容的电影艺术风格。它要求电影编导尽量避开人为的冲突和虚构的故事情节，不作任何假定性的设想，而是原封不动地照搬生活原型，使史诗性的题材、人物传记取得一种纪实性的逼真效果，让观众信服，从而达到预期的宣传目的。

在视频广告中，纪实风格作为一种创意手法被广泛地应用。通过"讲故事"的形式，依托具体事实，对人物或事件进行勾勒，让观众感受到冲击感。具体来说，是以大量语言、素材的原声出现和以线性叙事形式为主而非不断切换的剪辑技巧，从而强化真实性，让观众更加强烈地感受到专题片带来的真实感、亲切感，让人感觉到片中所见所听就是发生在身边的事情，从而更加感同身受。因为是发生在身边的事，才会更加打动人心。利用纪实风格所创作的视频广告会将镜头对准现实生活中的人物，利用现实人物身上所存在的特质反映品牌自身的产品风格。切不可为了标新立异，或扩大影响而弄虚作假，或盲目拔高。纪实风格的广告如果脱离了事实的根基，不但观众不会被感动，反而因为夸张而心生反感；脱离了人性的盲目拔高，只会让观众感到虚伪进而产生厌恶。这种风格的视频广告可以让目标消费人群自然而然地去对应产品的品牌风格，从而激发消费者的购买欲。

（二）特点

具有纪实风格的影视作品大多具有以下几个特点。

（1）影像：不拘泥于一般的构图原则，会采用大量的运动镜头，且大多数镜头为第三视角。镜头之间的切换速度较慢，视频整体韵律较慢，有一种娓娓道来的感觉。

（2）声音：追求真实，以素材原本的声音为主，会在需要烘托环境的地方加上恰当的画外音乐。

（3）剪辑：大多以线性叙事为主，镜头之间的切换不追究光学剪辑技巧。

纪实风格力求在画面上不留或少留下摄影的痕迹。即以客观景物和气氛，靠真实的影像去打动人、感染人。比如意大利早期电影《偷自行车的人》、现代美国电影《通天塔》等。

（三）案例

广告片：《陌生并不存在》

品牌：陌陌

1. 广告片背景介绍

这则影视广告由我国第六代导演领军人物贾樟柯导演拍摄。从《小武》到《天注定》，他的电影作品总是会表达出人生的痛和社会的伤。他所拍摄的商业广告如同他的电影作品一样，能够激发观众对现代生活的思考。这部广告短片和我们共同探讨了一个值得思考的问题——"陌生、孤独与信任"。

2. 主题分析

孤独，源于心理上同一性的诞生。通过同一性的建立，我们认识到自己的存在，并且坚持自己的价值和生活方式的同一，从而区分自己和他人。陌陌有特定的传播对象，整体的架构也别具一格。其 App 启动页面是主题为"附近的人"的页面，而不是其他社交软件的时间、最近联系人、通讯录等页面。让用户在每次启动时都有认识新人的可能性。由此，陌陌的社交特征更加碎片化。当人们习惯于对任何事物都抱有蜻蜓点水的态度之后，对人的交往将更加普遍化，但也更浅层化。贾樟柯运用长镜头为我们营造了真实的空间与时间，在相对完整的叙事中，客观再现了主人公所处的环境及人物之间的关系，并调动观众的观影积极性，积极参与到影片的叙事中。

3. 效果点评

影片中年轻人用陌陌约会，找到志同道合的朋友。看似沉闷的年轻生活，有了陌陌之后，突然有了新的活法。这种深入生活角落的情感感召力，是身在其中的年轻人无法抗拒的。很多人都会因为孤独而使用陌陌，而广告语"陌生并不存在，因为我们都有同样的孤独"也印证了陌陌的品牌理念。

二、怀旧风格

（一）概述

简而言之，怀旧就是缅怀过去。旧物、故人、老家和逝去的岁月都是怀旧最常用的题材。怀旧是一种情绪，它或许可以成为一种哲学，但它确实成了一种时尚。

怀旧广告是感性诉求的表现方式之一。它同大多数感性诉求一样，都是通过情感共鸣引发品牌关注和认可。情感对人的影响不言而喻，以情动人也成为广告获得消费者青睐的重要手段。怀旧广告通过特定的年代符号引发消费者共鸣，从而获得消费者的关注。

（二）特点

怀旧广告，就是在广告中加入过去的、历史性的广告元素，构造一种能与目标对象所珍藏的经历相匹配的氛围和环境，给予消费者一定的怀旧元素刺激，激发消费者的怀旧情怀，勾起他们记忆深处的共同记忆符号，以此来提升消费者对于商品的联想度和好感度，从而引发其购买倾向。广告主希望借此可以引起怀旧情绪的刺激物（如怀旧性质的文字、图片、音乐等），激发消费者对过去美好时光的怀念之情，进而产生积极的广告态度、品牌或产品态度和购买意愿。

"怀旧"实质上是寻找一种安慰，能给人带来舒适感和亲切感。怀旧的消费者群体拥有共同的情感记忆符号，共同的记忆可以带来大量的认同，从而形成集体回忆。一段时间后，在特定环境与行为的指引下，这段记忆被唤醒，当事人会产生强烈的共鸣、认同与超乎想象的热情。

（三）案例

广告片：《时光是最好的礼物》

品牌：百雀羚

1. 广告片背景介绍

"百雀羚"这个品牌在19世纪曾是名媛的首选护肤品，然而随着更多护肤品牌的出现，以及国外产品对中国市场的占领，"百雀羚"也慢慢被取代，使用"百雀羚"产品的人越来越少。如今"百雀羚"卷土重来，以新的形象出现在消费者面前，它走心的广告也让它快速地博得消费者喜爱。

2. 主题分析

短片描述了一个以20世纪60、70年代为背景的爱情故事。男女主人公相识相知，不顾父母反对坚持在一起。然而男主人公却因一场意外进了监狱，空留女主人在外等待。这一等，就是大半辈子……然而一心想要女主忘了自己的男主却在监狱里确诊得了"阿兹海默症"，忘记了女主。直到看见那时送给女主的礼物——百雀羚，才恍然想起了女主。这印证了那句"那时马车很慢，邮件也很慢，可一辈子只够爱一个人"。这则广告戏剧冲突非常强烈，很有年代感的故事、画面配上那个时代的歌，浓浓怀旧风扑面而来。

3. 效果点评

"百雀羚"这则怀旧广告，充满了"旧"元素，通过调动观众的怀旧情感，将产品的品牌风格不知不觉间渗透进观众的认知中，响应了"百雀羚"走经典国货化妆品的路线，意味着它不单是一种明码标价的商品，而且还包裹在宏大的近代史叙事、身体的芳香记忆以及个人或集体的怀旧遥想之中。在情感的交流互动中建立起自身与广告集体记忆的关系式，激发自身更深层次的情感和心灵慰藉，也赋予了本广告更多的真实与魅力。

三、超现实风格

（一）概述

超现实主义的理论基础是弗洛伊德的梦境与精神的关系，是要化解存在于梦境与现实之间的冲突，而达到一种绝对的真实，一种超越的真实。超现实主义最先作为一种文学流派，其存在的时间并不是很长，但其作为一种美学观点、一种艺术手法却很早就渗透到绘画、平面设计以及影视等各个方面。

具有超现实风格的视频广告，大多数观众或许都无法接受其超越常规的思维逻辑，所以这种风格并不适用于一般的广告品牌。

（二）特点

"超现实主义"为广告创意设计带来的影响是"梦幻"。1924年，法国作家安德烈布勒东（1896—1966）发表了《超现实主义宣言》，它标志着"超现实主义"运动正式形成。受奥地利心理学家弗洛伊德（1856—1939）的心理学研究成果的影响，布勒东认为在所有活动中，真正能接近真实的只有人的潜意识，而其他的一切活动都是虚假的，必须加以否定。虽然这种对现实加以彻底否定的思想有偏颇之处，但是它对艺术创作来说则从此打开了想象和幻想的大门，从精神乃至视觉层面对世界进行了重塑。

超现实主义通常会制造出"反逻辑、超时空、怪诞感的场面"，这种场面往往会产生强烈的视觉冲击，能激发受众的好奇心，给人们留下深刻的印象。视频广告吸收和运用了超现实主义的特殊表现手法，来达到吸引和刺激人的目的。超现实主义手法是一种特殊的表现手法,我们不应在肤浅的表现层面停滞不前,而应通过这些丰富的表现手法,进一步揭示出设计师想要对消费者真正表达、传递的内容和信息。这种信息表达、传递的成功与否在于消费者是否通过画面获得了一种全新的感受或者引起了共鸣。

（三）案例

广告片:《奇幻乌托邦》

品牌:古驰（Gucci）

1. 主题分析

2018年Gucci春夏广告大片,细腻写实的数字创作手法,展现出迷人的乌托邦式幻想。"油画风"是本季Gucci的最新创意。受绘画艺术中错综叙事启发,Gucci联合西班牙艺术家兼插画师Ignasi Monreal推出了本季广告作品。栩栩如生的画面融合了地球三大元素,大海、陆地与天空,从美人鱼到动物世界,通过细腻写实的数字创作手法,生动描绘出传说中的超现实Gucci幻境。

"乌托邦"一词最早出自1516年托马斯·摩尔的小说《乌托邦》,书中描述一个以柏拉图的《理想国》为雏形建构出的异想之地。在大西洋里有一个岛,被称为"乌托邦"的乌有之乡,在现实世界里所不能实践的憧憬或梦想,在乌托邦里有了实践的可能。

2. 效果点评

广告里的诸多画面来自世界经典名画,从文艺复兴时期著名的《阿诺芬尼夫妇像》《奥菲利亚》《尘世乐园》开始,广告用数字画笔展现出油画般的画面,其中还有无数出人意料的隐藏小细节,华丽妖异的植物、动物、景物以及时髦女郎们,仿佛将每一位观众带入一个奇幻篇章。该广告大片以视觉叙事的概念,演绎寄情于Gucci乌托邦的奇幻传说,同时将全新2018春夏系列精彩穿插融入其中。

四、音乐风格

（一）概述

音乐风格是指在音乐范畴中各种音乐要素——曲调、节奏、音色、力度、和声、织体和曲式等富有个性的结合方式，但主要指的是曲调。

视频广告中的音乐具有明确的商业性、目的性，曲调的编写尽可能地符合观众的审美。广告音乐其信息表达固然没有图像和语言直接，但其烘托与暗示功能却是其他形式要素所无法比拟的，甚至能为广告的内容带来丰富的联想并促进产品记忆的再现。

（二）特点

音乐广告的基本原则如下：

1. 吸引注意力

一个成功的广告音乐作品要有鲜明的特点，不论是旋律还是配器，不论是特殊音效还是电子音乐，都应该有自己的特点。必须让观众一听到就被吸引，并且知道是什么广告的音乐。这一切都取决于音乐的特殊性，特殊的旋律、特殊的节奏、特殊的音色、特殊的歌词。这几点是广告音乐成功的保证。

2. 容易记忆

在广告音乐中采用歌曲会比器乐曲更容易记忆和上口，而广告音乐中的广告歌词最好简单明了。因它有歌词作为引导，让人在接触它时能快速地从抽象转换为具体。然而，广告歌曲中的歌词与普通的歌词又不同，它要为观众传达广告的内容，传达广告所要表达的概念、信息等，与此同时，还要带有艺术性。

3. 鲜明的针对性

这里的针对性，是指在广告中音乐应该针对广告目标消费者的审美心理进行创作和安排。比如：儿童食品或者儿童用具，这些都是针对儿童的广告。在音乐上就应该使用广大儿童所喜爱的活泼的、快乐的、充满青春色彩的旋律节奏。而在针对女性，特别是针对成年女性的广告音乐，就应当在音乐中营造浪漫、优美的氛围，用恰当的旋律和节奏来营造女性消费者喜爱的情调。针对老年消费者应该注意在音乐上采用舒缓、优美、宁静的音乐。

（三）案例

广告片：《酸甜》

品牌：蒙牛酸酸乳

1. 广告片背景介绍

S.H.E 和飞轮海组合在 2007 年演唱会上演唱了偶像剧《公主小妹》片头曲《新窝》，甜蜜浪漫的曲风引发热烈的回响，特别是 MV 中 7 人共同打造新窝的浪漫剧情，更获得广大歌迷的喜爱。2008 年蒙牛邀请他们合唱了蒙牛酸酸乳推广歌，而 MV 故事剧情是描述 S.H.E 和飞轮海在牧场小屋筹备属于他们 7 人的演唱会，在此期间他们都在喝蒙牛酸酸乳，这让他们想法多多，妙招不断，于是 7 人梦想成真，成功地举办了演唱会。

2. 主题分析

2005 年蒙牛与当时最火的选秀节目"超级女声"合作，打造了"酸酸甜甜就是我"的广告主题。值得一提的是 2007—2009 年蒙牛酸酸乳与三大音乐榜单——音乐风云榜、Music Radio 中国 TOP 排行榜、中国联播榜合作，通力打造"音乐梦想新主张"。《酸甜》这首歌就是在这样的娱乐化的背景下诞生的。

3. 效果点评

合适的广告背景、音乐形象有利于形成广告的二次传播，在不知不觉中就会起到宣传品牌的作用。蒙牛酸酸乳这则广告结合《酸甜》这首歌,更加凸显其青春活力、年轻向上的调性。在视觉、听觉两个维度上都产生了强烈的冲击。与当时极具人气的"超级女声"的合作又十分具有娱乐话题性,因此能够吸引年轻群体的注意力,尤其是当时"超级女声"的粉丝群体。

五、抽象风格

(一)概述

"抽象"一词原意指人类对事物非本质因素的舍弃与对本质因素的抽取。一部分原始艺术品和大部分工艺美术作品以及书法、建筑等艺术样式,就其形象与自然对象的偏离特征来说应属抽象艺术。但作为一种自觉的艺术思潮,抽象艺术则在20世纪初兴起于欧美。诸多现代主义艺术流派如抽象表现主义、立体主义、塔希主义等均受此影响。随着艺术的发展,抽象艺术的外延已经扩展到了更多的艺术领域,包括雕塑、装置、音乐、诗歌、摄影、建筑、舞蹈等。20世纪之后,广告也开始运用抽象艺术表达产品或者品牌的内涵。

(二)特点

抽象艺术是相对于具象艺术的,也可称为非具象艺术。它的特征是缺乏描绘,用情绪的方法表现概念。抽象艺术是无主题、无逻辑、无故事的艺术,是经验之外的生命感受,是通过抽象的色彩、线条、色块、构成来表达和叙述人性的艺术方式。抽象艺术追求独创性,并把创新作为唯一的艺术形式。抽象艺术注重形式更甚于内容。形式可以千变万化,可以柳暗花明。抽象还特别强调语言符号的单纯性,即表现形式的纯粹性,不带任何经验的构想。

不模仿任何自有的创造，刻意在视觉空间创造出独特的语言符号。不过，视频广告中的抽象手法无法完全抛弃具体的形象和物象，而是要通过对具象的事物的重组、交叠、扭曲、变形等手法，精心巧妙地将产品的抽象概念以艺术化视觉呈现、并且融入创造性思维。

（三）案例

广告片：《生命本身就是一场旅行》

品牌：路易·威登（LV）

1. 主题分析

这是由巴黎奥美广告公司创作的电视广告。华丽、忧伤的音乐和诗一般的画面，由漫无目的的旅行者，带领我们走进旅行的飘荡感中，同时陷进 LV 为我们营造的不可知的浪漫，以及对新鲜美丽的想象中。

在《生命本身就是一场旅程》的广告片中，通过多个具象镜头的组合，暗示的是 LV 的百年历史和文化沉淀。多个镜头都运用看似烟雾迷蒙、虚幻世界的概念，搭配唯美动听的音乐，营造一种如梦似幻的境遇，即使没有闪耀华丽的背景，也能轻易打造出一种奢华感。该广告一直在强调旅行的真正意义，只字未提 LV 的任何产品信息，甚至在无数个镜头中，LV 的经典 Logo 也只闪现了 2 次，却达到了意想不到的效果。当消费者在电视上观看其广告时，首先被制作精良且蒙太奇式的创意表现吸引但无法理解，直至广告结束出现 LV 的 Logo 才让人恍然大悟。这样的抽象视频广告很符合奢侈品神秘、大气且充满距离感的气质。

2. 效果点评

LV 是奢侈品品牌广告的先驱，它在 100 多年前就发现了广告的魅力，并善加利用。时至今日，LV 大手笔制作的电视广告依然是奢侈品行业的"领头人"。LV 的电视广告不落入俗套，没有被其他的广告淹没。LV 的广告制作精良，以抽象艺术、具象艺术或者二者相结合的方式来表现 LV 的品牌理念。并且无论是抽象艺术还是具象艺术，LV 都能用其来表现"自我"的理念。

第三节　视频广告创意手法

一、对比手法

（一）阐释

对比手法，是文学创作中常用的一种表现手法。写作中的对比手法，是把事物、现象和过程中矛盾的双方，安置在一定条件下，使之集中在一个完整的艺术统一体中，形成相辅相成的比照和呼应关系。运用这种手法，有利于充分显示事物的矛盾，突出被表现事物的本质特征，加强产品的艺术效果和感染力。在视频广告中，"对比"就是把截然相反的两个视觉元素或竞争品牌并置在一起，从而形成一种鲜明的冲突关系，使得正面主题在反面视觉元素的衬托下显得更加突出。

（二）案例

广告片：《百事乐趣》
品牌：百事可乐

1. 主题分析

一个小男孩来到饮料自动售卖机前面，投币按下可口可乐的按钮，购买了一罐可口可乐，接着他又买了一罐，他将两罐可口可乐放在脚底，这样就能够到百事可乐的按钮。最后，他拿起百事可乐心满意足地走了。这则广告中巧妙且隐晦的运用对比的手法,将"可口可乐"与"百事可乐"两个品牌同框出现。主人公将"可口可乐"作为垫脚石而为了购买到"百事可乐",无形中体现了编剧想突出的品牌意味。

2. 效果点评

作为生产出世界上第一瓶可乐的可口可乐公司,其占据绝对的市场优势。百事可乐作为后起之秀,一直想挑战可口可乐,想要与其一决高下。像可乐这样的产品,消费者很难对其饮用效果做出明确区分,消费者更多地依靠品牌印象对两家公司进行区别,从而进行自己的购买决策。在可口可乐还没有意识到市场细分与产品定位的时候,百事可乐则将自己的产品定位于年轻人。这则广告中,小男孩对百事可乐执着的选择,以一种感性的方式告诉年轻的消费者,百事可乐是最好的选择。作为一则 30s 的 TVC 广告,没有采用一句广告语,而是以戏剧化的情节设置,突然的转折,意想不到的结果,吸引观众的注意力,巧妙地迎合了年轻人个性、自信、乐观的心理特点。

二、实证手法

(一)阐释

实证指研究者亲自搜集观察资料,为提出理论假设或检验理论假设而展开的研究。实证具有鲜明的直接经验特征。实证主义所推崇的基本原则是科学结论的客观性和普遍性,强调知识必须建立在观察和实验的经验事实上,通过经验观察的数据和实验研究的手段来揭示一般结论,并且要求这种结论在同一条件下具有可证性。在视频广告中,"实证"就是通过引用一些科学依据来实证产品所具有的一些功能。

（二）案例

广告片：《舒适达牙膏》

品牌：舒适达

1. 主题分析

广告邀请了专业牙科博士，从专业角度来讲述该款牙膏的成分、功效等。

2. 效果点评

在各种各样牙膏产品销售的市场环境下，"舒适达"以精准的市场细分，赢得了自己的一片天地。"舒适达"的目标消费人群主要是牙齿敏感、需要修护牙齿的中青年消费群体。怎样将牙齿抗敏的品牌诉求传达给目标消费人群呢？"舒适达"TVC广告中邀请了专业的研发人员，由专业人士将牙膏推荐给消费者使用更具有说服力。并通过说道理的方式，让目标人群快速了解该产品所具有的功能与特点。实证手法主要是利用理性诉求来引起消费者的购买欲望。

三、夸张手法

（一）阐释

文学家高尔基曾经说过："夸张是创作的基本原则。"夸张就是在一般的环境中求新奇变化，通过虚构把对象的特点和个性中美的方面夸大，赋予人们一种新奇与变化的情趣。通过对人物以及事物的形象夸张渲染，可以引起人们丰富的想象，激发人们的兴趣。视频广告中"夸张"主要是用超出事物的正常情况来描绘事物，要求运用丰富的想象力，在客观现实的基础上有目的地放大或缩小事物的形象特征，以增强表达效果。

（二）案例

广告片：《旱冰宝宝》

品牌：依云（Evian）

1. 主题分析

Evian 是拉丁文，本意是水的意思。作为全球著名的矿泉水品牌，依云以前很少投放广告，而是通过赞助高尔夫球女子大师赛和美国网球公开赛等活动提升自己的品牌美誉度。这次依云公司委托法国 BETC 灵智广告公司制作的这个时长 60s 的广告片，结尾的广告语是"保持年轻"。

广告片拍摄了成年人在镜中看到像婴儿一般的自己而惊异不已的场景，紧接着宝宝们和成年人各自表演了一系列复杂的舞蹈动作。制作手法仍然是先由成年人完成舞蹈动作，之后拍摄现实中婴儿的面部表情，最后制作婴儿形体，再通过 CGI 三维动画技术合成。通过 CGI 技术，使宝宝与镜子外面的人的舞步看来无比一致。

2. 效果点评

《旱冰宝宝》的视频广告在网络上一经出现，随后迅速在网上流传，Youtube 视频网站的浏览量达到 900 多万人次。如果把全球其他视频网站和转贴到个人博客的浏览量全部加在一起，观看人次超过千万不在话下。如此高的传播量，不仅让"旱冰宝宝"成了网络明星，也为依云品牌带来了可观的传播效果。

广告创意中有一个著名的"3B"（Baby、Beauty 和 Beast）理论，即如果在广告创意中加入儿童、美女或者动物的元素，那么这则广告就具有很强的吸引力。依云的《旱冰宝宝》这则广告之所以受欢迎，就是运用了"3B"理论中的儿童元素。

运用儿童作为创意表现元素的广告不胜枚举，为什么依云的这则广告会

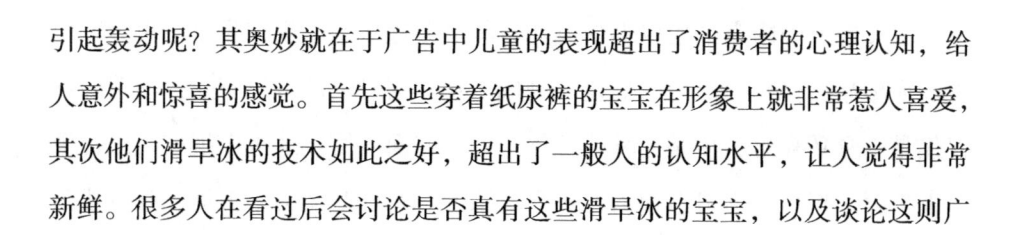

引起轰动呢？其奥妙就在于广告中儿童的表现超出了消费者的心理认知，给人意外和惊喜的感觉。首先这些穿着纸尿裤的宝宝在形象上就非常惹人喜爱，其次他们滑旱冰的技术如此之好，超出了一般人的认知水平，让人觉得非常新鲜。很多人在看过后会讨论是否真有这些滑旱冰的宝宝，以及谈论这则广告是如何拍摄的，原因就在于此。

四、比喻手法

（一）阐释

比喻是一种常用的修辞手法，在视频广告中，通过艺术的手法，用含蓄的方式来表达广告的内涵。通过形象生动的画面能吸引人们进行较长时间的观察和思考，从而留下深刻的印象。比喻一般分为"暗喻"和"明喻"两种，其中"暗喻"更为常见，它主要是通过观众对画面的联想和想象来达到意会的效果，而"明喻"则是通过广告画面直接把产品的性能展示出来。

（二）案例

广告片：《佳人再现》

品牌：德芙

1. 主题分析

一辆公交车因为撞翻了水果摊而一直在路边滞留。这时开着跑车的男青年停在了公交车旁边，他与奥黛丽·赫本四目相对，被奥黛丽·赫本的颜值所迷住的男青年邀请赫本一起乘坐他的车子。赫本下车摘下了公交车司机的帽子，戴在男青年的头上，坐上了男青年的车子，随后赫本拿出包里的德芙，出现广告语"德芙，纵享丝滑"。

德芙进入中国市场所取得的成功与其早期优质的电视广告密不可分。广告表现出品尝德芙巧克力的愉悦一刻成为味觉与心灵的双重享受,消费的不仅仅是一盒巧克力,更是一种非凡体验。一方面,德芙通过电视广告进行消费者教育,把巧克力打造为人们传递情感的首选佳品;另一方面,赫本成为情感式营销、品牌式驱动营销的重要载体。

2. 效果点评

德芙巧克力广告是一则非常经典的广告,它把"丝般感受"的心理感受同巧克力的细腻滑润的感觉联系在了一起,想象丰富,别具一格。充分利用联想,把语言的魅力发挥到了极致。成型的巧克力块从香浓诱人的漩涡中飞出,想先尝为快的冲动再也按捺不住。俊男靓女的唯美邂逅,将视觉与味觉的诱惑带到最高点。这些场景都是德芙公司通过三维动画技术复原再现的,德芙的广告制作人花了一年的时间寻找奥黛丽·赫本的生前资料来制作此次广告。这则广告在视觉上给人以复古老电影般的体验,伴随悠扬动听的经典曲目《月亮河》,带领观众回到片中的年代。同时调动视觉、听觉、触觉三种感官,交相呼应,全方位立体带给观者以享受之感。

五、拟人手法

(一)阐释

拟人手法是指把事物人格化,把本来不具备人的一些动作和情感的事物变成和人一样的修辞手法。在视频广告中,"拟人"就是赋予事物以人的行为特点,生动形象地表达出情感,让观众感到活泼、亲近,使产品更加生动形象。

（二）案例

广告片：《努力，只为让你看见》

品牌：搜狗输入法

1. 主题分析

这是梅森麦喆公司为搜狗输入法策划的一则广告片，将搜狗输入法拟人化，变身4位看不见的紧身衣人，由此展开一系列啼笑皆非的故事。他们一直默默守护者女主人，为她排忧解难，却无法被看见。于是他们策划了魔鬼训练，企图冲破次元壁来到女主人身边！终于他们成功了，通过小灯泡快捷键，每当女主人有烦恼时，他们能立马给出解决方案。

2. 效果点评

搜狗拼音近日推出了新概念"搜狗拼音输入法智慧版"，除了完美支持Windows8之外，还有一些不为人知的新特性。搜狗拼音输入法智慧版在原来的基础上，增加了诸如情景感知、文思泉涌、妙笔生花、搜狗卷轴、拼音纠错、长词联想等一系列非常贴心的新功能和新特性。片中将搜狗输入法优化升级比拟成4个人魔鬼训练，从笨拙小透明到智慧小灯泡，整个过程轻松幽默，让人捧腹，同时准确抓住品牌讯息："搜狗输入法优化升级，查询咨询更便捷。"

六、幽默手法

（一）阐释

幽默是生活和艺术中一种特殊的喜剧因素，也是能在生活和艺术中表达或再现喜剧因素的一种能力。它运用机智、风趣、凝练的语言对社会生活中不合理、自相矛盾的事物或现象做出轻微含蓄的揭露、批评、揶揄和嘲笑，使人在轻松的微笑中否定这些事物或现象。在视频广告中，通过幽默化的情节设置巧妙地淡化广告的直接功利性，使消费者在欢笑中自然而然、不知不觉地接受某种商业和文化信息，从而减少了人们对广告所持的逆反心理，增强了广告的感染力和沟通力。

（二）案例

广告片：《小象的报复》

品牌：ROLO 巧克力

1. 主题分析

小男孩在小象小的时候，用一块巧克力去诱惑它，在小象快要吃到时，却又残忍地把巧克力放到自己的嘴里，小象非常失望。后来男孩长大成人，一天，他一边吃糖果一边看动物表演时，突然被象鼻打晕。此广告主题意在用幽默诙谐的方式展示片中小男孩这一戏谑小象的行为，后来成年后引起了象的"报复"。从侧面体现 ROLO 巧克力受欢迎，让无论是人还是动物都十分喜爱。

2. 效果点评

该巧克力由麦金托什公司（Mackintosh）制造，是太妃糖和巧克力的结合，于 1937 年第一次销售。这则广告由灵狮广告公司（Ammirati PurisLintas）（现已并入睿狮）制作。1996 年，"小象复仇"这则广告赢得了当年戛纳广告节大奖。这个广告的主题既含蓄又幽默，没吃到巧克力的小象多年后依旧怀恨在心，以至于能够记得男孩爱吃的巧克力，可见这种巧克力的吸引力。幽默广告可以调动受众的积极情绪，让他们在不知不觉中接受品牌所传达的信息。不过，由于文化背景、社会习俗的不同，对于幽默的标准和尺度，各国也不尽相同，这是需要注意的。

七、写意手法

（一）阐释

写意手法是创作术语，与"写实手法"相对。艺术家忽略艺术形象的外在逼真性，而强调其内在精神实质的艺术创作倾向和手法。最初起源于绘画，兴起于北宋，要求在形象之中有所蕴涵和寄寓，让"象"具有表意功能或成为表意的手段，这成为中国艺术审美重心自觉转向主体性的标志。在视频广告中，运用特技摄影、暗房特技或电脑技巧，将作品中的影像加以夸张、变形或者重新组合，追求朦胧、模糊的表现效果。

（二）案例

广告片：《相信品牌的力量——水墨篇》

品牌：中央电视台

1. 主题分析

该片采用中国传统水墨元素，运用极强的画面表现力，将大气的中国传统水墨画与现代的动画技术结合，通过一滴墨在水中晕染开来，不断变幻为连绵起伏的山峦、生动有形的游鱼、腾飞而起的祥龙、万里长城、太极舞者、动感有力的列车等给观众带来极具中国特色的视觉冲击，完美地诠释了"从无形到有形，从有界到无疆"的创意内涵。

2. 效果点评

作为中央电视台的品牌形象广告，《水墨篇》将古代文明（艺术、建筑等）通过灵动的水墨与现代社会（科技）有机串联，突破时间和空间的界限，配以雄浑的交响乐，产生出一种崭新的、富有和谐社会精神的力量，令人耳目一新。

《水墨篇》的表现风格别出心裁，以水墨这一中国典型的文化元素，融合太极的武术韵味，表现中央电视台"相信品牌的力量"的理念。写意手法的更深层面，其实是对于柔与刚的辩证关系的深刻把握。"水至柔，然后以柔克刚。"大象无形，大音希声，至柔则刚。中央电视台的优势尽人皆知，品牌的力量也毋庸置疑，但当力量与优势以柔性的方式表达时，恰恰表现了一种中国式的博大与气度，而这种气度正是实现品质提升的央视需要的。

八、名人效应

（一）阐释

名人效应，是指使用明星代言等方式，起到引人注意、强化事物、扩大影响的效应。名人一般都具有较高的知名度，或者还有相当的美誉度，以及特定的人格魅力等，借此参与广告活动，特别是直接代言产品，与其他广告形式相比，可能更具吸引力、感染力、说服力和可信度，有助于引发消费者的注意、兴趣和购买欲，同时体现品牌实力，进一步提升企业和产品的社会形象力。在视频广告中，通过选择适合品牌风格的名人代言，可以引起高注意率以及视觉冲击，带来一种示范作用，引起人们的模仿。

（二）案例

广告片：《小人国的奇幻之旅》

品牌：OPPO 手机

代言人：杨洋

1. 主题分析

善良的造梦者杨洋在小人国不断给大家带来温暖和欢乐，深受小人国人民的喜爱。在新年来临前夕，杨洋看到一对恋人幸福的拥抱，想起了远在上海的女朋友。手机中的合影被调皮的小人国子民发现，国王和子民们决定帮助杨洋和女朋友在一起。其间 OPPO 手机出现五次，第一次杨洋与相恋四年的女友掏出手机看合影，第二次小人国用手机为杨洋拍下微笑，第三次上海的女朋友在家看手机收到小人国的来信，第四次小人国团聚合影，第五次以两声 OPPO 拍照的 Jingle 声音结束。故事以爱为线索，将一个暖心的故事讲述完整的同时，也将 OPPO 手机拍摄卖点进行了完美诠释。

2. 效果点评

OPPO 手机在市场营销方式上执行的是一种差异化的市场战略，目标市场锁定三四线城市和低龄市场，目标客户为学生和女性。OPPO 手机一般会依据播放平台如电视台，有针对性地选择代言人进行广告投放，其围绕两个核心进行——"人气"和"作品"。从"人气"方面来看，2014 年第三季度李易峰凭借出演《古剑奇谭》电视剧之后火速蹿红，OPPO 邀请其为代言人。2016 年第二季度杨洋凭借出演《微微一笑很倾城》电视剧爆红之后，也加入 OPPO 代言家族。从"作品"方面，OPPO 在 2016 年下半年合作《微微一笑很倾城》，在植入类型上，以互动道具的植入为主，没有以产品的口播形式出现。以主演为代言人，加之播放平台硬性广告投放，加强了节目内植入品牌传播效果。代言人加入时机恰当，平台的整合与此配套，毫无疑问，OPPO 在传统平台的代言人选择上是十分精准的。

第四节 视频广告分镜头脚本

一、分镜脚本的概念

分镜脚本又称摄影台本，是一种用视觉表现形式叙述故事的方式，将文字剧本转化成直观可见的视频形式的中间介质。分镜头脚本的主要任务是将编剧写作好的剧本转化成直观的画面，辅之以音乐、旁白等元素。

在进行分镜脚本制作的过程中，导演负责整个片子的风格与节奏设计，即用何种形式的镜头、镜头如何搭配组合、镜头的长度制定、镜头剪辑节奏感的控制等，而分镜师则是按照导演的想法将文字剧本转化成由一个个镜头组成的分镜头脚本。

早期的分镜脚本都是由分镜师逐个镜头手绘而成，这也是最常见的分镜绘制方法。分镜师将各个镜头按照角度、景别、运动方向、角色动作、旁白、布光效果等要求，一帧帧镜头联动成画面，配以文字说明镜头长度、镜头运动方向、对白、音乐等元素。随着科学技术的进步，越来越多的分镜师开始采用手绘板绘制分镜，这种分镜被称为电子镜头，该类镜头优势在于绘制完的镜头可以使用电脑连续播放，配合音乐形成视频的小样画面，更直观地感受视频效果。如果经费充足还可以采用3D软件进行分镜脚本绘制，在3D软件中通过人物模型、场景模型的组合设置，配合软件自带的灯光设置功能，可以百分百地还原分镜脚本所描绘的画面效果。

分镜头是广告片制作的基础骨架，也是第一印象，因此在拍摄筹备期对分镜头脚本的制作就显得格外重要。分镜的制作情况决定着整个影片的内容风格、主题，这也是对分镜师提出了较高的要求。作为一名合格的分镜师不仅要拥有扎实的绘画功底，还要拥有对镜头把控的能力，最重要的是要有足够的想象空间，这样才能将文字剧本转化成优秀、有吸引力的分镜头脚本。

二、分镜脚本的主要作用

一部优秀的广告片制作周期很长、工作量很大，需要拍摄团队、演员团队、灯光道具团队、后期制作团队的协调配合，在众多的团队沟通协调的过程中，分镜头起着统筹的作用。一句话说得好："一部广告片的剧本和分镜台本都完成了，那么这部广告片的总工程量也就完成了一半。"这句话充分说明了分镜脚本在广告片制作过程中的重要地位。分镜脚本的主要作用体现在如下几点：

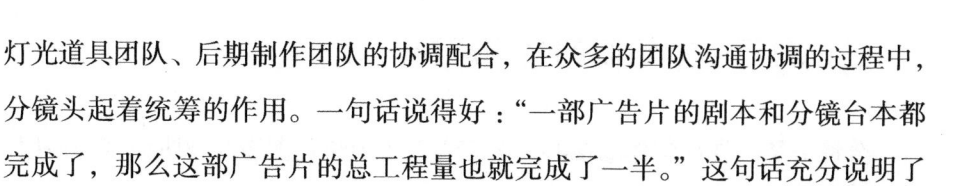

（一）分镜头是广告片前期拍摄的主要依据

分镜头是将文字剧本转化成视频文件的中间介质，通过"连环画式"镜头绘本的视觉化镜头语言，来表达剧情的视觉效果。摄影师按照分镜脚本中绘制的镜头长度、机位图、布光图进行画面构图，勾画拍摄前的画面大意。随着技术的发展、电子镜头的兴起，使用专业的分镜绘制软件可以从整体上把握影片的节奏，控制镜头的长度。

（二）分镜头是中期和后期制作的依据

分镜台本的表格中有音乐音效、台词、特效效果、光线、镜头运动方式、转场应用等要求。剪辑特效人员通过参考分镜台本，使用蒙太奇剪辑方式将前期拍摄的各个镜头组接，形成完整的画面。所以分镜脚本是后期人员工作的任务指南，如果前期分镜脚本绘制出现问题，那么在后期的剪辑处理过程中就会遇到很大的困扰，甚至造成不可弥补的缺陷。

（三）分镜头是整部广告片长度和经费预算的参考

分镜脚本绘制完成以后，视频所需要的场地、机器设备、后期技术需求也就全部浮现出来，这时导演就会根据影片的长度和设备需求来估算制作费用。

三、分镜脚本绘制的名词解释

分镜头是广告片制作的核心,决定着广告中角色塑造与视听语言的使用,也是后期剪辑特效的指导,所以对分镜绘制的要求极为严格,也就是说对分镜师的技术水平要求较高。

作为一名分镜师首先具备坚实的绘画艺术基础,因为分镜脚本是通过人工或者手绘板进行手绘,再将文字转化成画面的过程中需要分镜师幻想形成新的形象落于纸上,这个步骤没有一定艺术修养是无法完成的;其次作为分镜师,镜头艺术的使用者,必须对镜头语言有熟练地使用技术,通过大量观看分析经典电影,借鉴优秀的镜头设计和镜头组接技巧,使最终的画面更加流畅,富有视觉感。与此同时,可以使影片剧情的叙述、人物思想感情的表达、人物关系的处理更具有表现力,从而增强影片的艺术感染力。以下是分镜脚本绘制的相关名词解释:

(一)镜号

镜号是指标注在画面左方、连接镜头与镜头之间的序列号码。通俗地讲,即镜头的顺序号。它作为某一镜头的代号,拍摄时不一定按此顺序号拍摄,但编辑时则必须按这一顺序号进行编辑。

(二)景别

景别是指在拍摄时该画面构图采用远景、中景、近景、特写、大特写等画面格式的界定。景别的划分,一般可分为五种:由近至远分别为特写(指人体肩部以上)、近景(指人体胸部以上)、中景(指人体膝部以上)、全景(人体的全部和周围部分环境)、远景(被摄体所处环境)。

（三）镜头运动

镜头运动是指在拍摄时镜头按照推、拉、摇、移、跟等视听语言移动的界定。

（四）画面设置

画面设置是指在该分镜中涉及的故事场景布置、人物的动作神态、对话内容等。

（五）音效

人物的对话以及每个镜头所用的音乐和音效在此栏标注。在电影和电视制作中，一个音效是录制和展示的一个声音，用于不通过对话或音乐来给出特定的剧情或创意。

（六）时间栏

标出确定的每个镜头所需要的长度。

四、分镜脚本的制作流程

分镜脚本作为一个严谨有序的工作计划，其制作流程要经过以下几个阶段：导演阐述阶段、场景造型设计阶段、文字分镜头撰写和后期特效设计阶段。

导演阐述阶段：导演阐述是导演在拍摄开始前最重要的工作。在该阶段导演向分镜师传达自己对剧本思想以及现实意义的理解，传达自己对影片的风格、基础骨架的理解要求与设想，对主要人物的设定要求，对影片后期技术的要求。虽然导演阐述不一定要由导演本人完成，但是在这一阶段一定要搞清导演对整个广告片的设计风格定位、构思以及要求，这样才能开展下一步工作。

　　场景造型设计阶段：剧本中描绘的角色是平面的，但是在视频中展现的角色却是立体丰满的，所以就需要分镜师对人物性格、语言进行研究，通过角色本身的神态、语言、肢体动作，配以不同风格的背景场景，不同位置的拍摄机位以及不同风格的布光来还原剧本中的角色人物设定。

　　后期特效设计阶段：在特定的广告片中，为了加强视觉冲击力，给观众留下强烈的视觉印象，就会使用大量的三维特效。在应对这种需求的时候，就需要分析产品的功能定位，选取其中最突出的一点进行抽象化想象，制作符合产品自身的特效。

　　文字分镜头撰写阶段：完成以上三个阶段以后分镜脚本就进入最后的文字脚本绘制阶段。在该阶段将前期所做的种种设想规划付诸纸上，以文字的形式记录在分镜脚本中。文字分镜脚本有两类：一类是表格形式，另一类是列表形式。表格形式的优点在于简洁直观，是常用的表述方式；列表形式则省略了时间叙述，以概括性的文字对该镜头内容进行概括。

五、分镜脚本的分类

　　根据用途不同，分镜脚本也被分成两种：客户分镜头与拍摄分镜头。客户分镜头是乙方产生创意以后总结形成的故事版，目的在于阐述自己的创意观点和传播观念，主要用于向甲方广告主进行汇报，取得广告主的同意。客户分镜脚本带有竞标性质，因此，其绘制数量少且画面连续性不强，重心在于对画面细节的刻画，以及表现整个片子的影调与整体拍摄风格。

　　拍摄分镜脚本则是用于实际拍摄，所以更加注重镜头语言的衔接与画面的连贯，与此同时，也注重画面的机位摆放、布光位置等，从而忽略了一些画面的细节绘制。

除了这两类分镜，根据脚本的性质与类型，分镜脚本还分为动画分镜脚本、电影分镜脚本、广告分镜脚本等。

（一）动画分镜脚本

动画行业因为是虚拟拍摄，所以对分镜师的能力要求也是最高的。动画根据制作手法和技术分为二维动画和三维动画两类，虽然制作风格不相同，但是前期所要做的剧本素材搜集、加工编写、分镜设计撰写等都是必不可少的工作。

二维动画受制于空间限制，在进行分镜脚本绘制时要注意以下四点：第一，尽量少用一些复杂的视听语言动作；第二，减少角色穿越复杂人群的动作，因为绘制这样的动画需要后期大量的人力、物力；第三，让人物多做可以循环的动作，如抬手、跑步、骑车等，这样可以减少制作成本；第四，二维动画具有强烈的想象空间，可以用夸张变形的手法展现出现实与三维动画做不到的镜头效果。

三维动画由于处在立体空间内，高度还原现实场景，所以在绘制三维动画脚本时要注意以下两点：第一，对角色的动作设定不必要精细；第二，三维动画的制作是从软件内部的摄像机获得，所以合理地进行摄像机的位置摆放，可以得到更加新颖的拍摄效果。

（二）电影分镜脚本

由于电影的时间长度较长，一部电影的分镜脚本可能多达数千个，需要分镜师在长达几个月的时间内绘制完成。电影是一个有机整体，在进行分镜绘制时导演也会亲自绘制分镜草图，认真严谨地思考镜头的衔接组合，避免浪费拍摄，这时分镜师所做的就是将导演绘制的草图拓展补充形成完整的分镜脚本。

因为电影是采用实拍方式，所以在进行分镜绘制的时候要考虑演员、环境、场地、灯光以及突发的不确定因素，这对分镜师的工作要求又提出了更大考验，也就是说分镜师要每时每刻根据实际情况的变化来更改分镜头的内容。

（三）广告分镜脚本

相比于前两类分镜头，广告分镜头由于广告片本身时间较短（时间大多在几十秒到几分钟），数量也就相对较少一名优秀的分镜师在几天内就能完成。虽然绘制时间较短，但是由于广告片的目的在于营销，要求吸引更多的目光和注意力从而引起观众的购买欲，所以对广告创意的要求也就非常高。在进行广告片分镜脚本制作时要注意把控质感、灯光、环境、动作、镜头等拍摄技术，最大化地展现产品的卖点或广告主要传达的品牌理念，从而达到营销效果。

第四章 视频广告拍摄

第一节　视频广告拍摄器材

一、拍摄设备

（一）单反/微单

"微单"相机是一种介于数码单反相机和卡片机之间的产品，其结构上最主要的特点是没有反光镜和棱镜。作为一个新型的词语，"微单"被赋予了两层意思：微，微型小巧；单，单反相机的画质。也就是说这个词是表示这种相机有小巧的体积和单反一般的画质。

（二）摄像机

这类机型主要应用于广播电视领域，图像质量高，性能全面，但价格较高，体积也比较大，其清晰度最高，图像质量最好。

（三）摄影机

摄影机主要用于电影及高品质电视节目制作，其中又分为胶片电影机和数字电影机。

二、镜头

镜头是指摄影机上产生影像的部件，一般是由一个或多个凹透镜、凸透镜组合而成的透镜。镜头最重要的任务是将外部光线聚集到机器内部的成像芯片上，让被拍摄物体在成像芯片上准确成像，镜头上的各种刻度参数，反映出该镜头属于哪种类型，适用于什么样的拍摄环境，会产生什么样的拍摄画面。

（一）焦距

镜头的类型是按照镜头的焦距长短来划分的，在镜头正面的镜圈上可以看到一组刻度，标注为 F=XXmm，这组刻度就是该镜头焦距的大小。

焦距是指什么呢？焦距是指平行光射入凸透镜时穿过凸透镜光心聚集到一点（这个点称为焦点），从焦点到凸透镜光心的距离就叫作焦距。镜头焦距则是指从镜头主点到成像聚焦平面的距离。每一个镜头都有一个焦距，焦距的长短决定了成像的大小，焦距越长成像越大。

（二）广角镜头

广角镜头分为两类，普通广角镜头和超广角镜头。普通广角镜头焦距在28~45 mm 之间，超广角镜头焦距为 24 mm，或者小于 24 mm。

广角镜头具有焦距短、景深长、视角范围大、视野广阔、气势恢宏等拍摄特点，常用于强调前景或者突出远近距离对比的拍摄之中，来增强视觉冲击力。

广角镜头由于视野广阔，在拍摄内容较多的景物时会产生一定的画面变形、画面内容杂乱的缺点，这就要求摄影师在构图时从机位、布光上去调整画面。

鱼眼镜头是一种特殊的广角镜头，焦距在 6~16 mm 之间，大多数拍摄视角在 180° 以上。

鱼眼镜头分为两类：一类是全幅鱼眼镜头，成像效果为方形，画面不存在角落被遮盖；另一类是圆形鱼眼镜头，视角可以达到 180° 以上，成像效果为圆形，画面角落被遮挡。

（三）中焦镜头

中焦镜头是指焦距在 50~135 mm 之间的镜头，许多常用的镜头都属于中焦镜头，譬如标准镜头（50 mm）、人像镜头（85 mm）、微距镜头（100 mm）等，中焦镜头常用于拍摄人像、风光、花卉等画面。

1. 标准镜头

标准镜头是指传统 135 相机镜头中近似于人眼视角范围的镜头，焦距为 50 mm。标准镜头所拍出的画面与人们肉眼所见的景象基本一致，具有写实性，可以带给人们自然的感觉，并且该镜头还常用于被摄物体的细节表现拍摄。因为和肉眼所见一致，所以标准镜头拍摄画面缺乏震撼效果。

2. 微距镜头

微距镜头大多是中焦定焦镜头，拥有接近被摄物体进行对焦的功能。微距镜头所拍摄的画面画质极佳，色彩还原度高，能展现肉眼不能看到的细节。常用于拍摄昆虫、静物等微小物体。但由于镜头距离过近，导致画面景深小，对焦难度大。

（四）长焦镜头

长焦镜头是指焦距在 200 mm 以上的镜头，有长焦与超长焦两种。长焦镜头焦距在 200~300 mm 之间，常用于拍摄距离较远的人物特写或节目舞台等。超长焦镜头焦距在 400 mm 以上，常用于抓拍一些危险动物或鸟类，有时也用于大型赛事转播拍摄或者天文题材拍摄等。

长焦镜头具有焦距长、视角小的特点，对画面能够产生强烈压缩感，使用长焦镜头在远处拍摄时可以获得较大的画面。长焦镜头拍摄还具有突出画面主体的效果。

但是，长焦镜头由于体积过大，十分笨重，不利于携带，也不利于手持拍摄。

（五）定焦与变焦

定焦镜头是指焦距固定的镜头；变焦镜头是指焦距可以调整的镜头。

定焦镜头的焦距固定，代表一个定焦镜头只能使用一个焦距。定焦镜头拍摄光圈一般都设定在 F2.8 以上，定焦镜头相比变焦镜头具有自身体积小、重量轻、便于抓拍、对焦速度快、画面细腻、成像质量稳定等特点。但是由于焦距固定，导致定焦镜头在拍摄某些移动场景时无法拍摄。

变焦镜头的焦距可以在某个区间内随意变动。变焦镜头分为自动对焦和手动对焦两种。变焦镜头最大的优点在于一个镜头相当于多个定焦镜头，可以节省外出拍摄的携带空间，也可以节省更换镜头的时间。相对定焦镜头，变焦镜头的体积相对较大，成像清晰度相对小于定焦镜头。

（六）特殊镜头

特殊镜头是指专门为某种画面设计的镜头，常见的有：防抖镜头、移轴镜头、折返镜头等。

1. 防抖镜头

防抖镜头是为了减少由于快门速度过低、手持长焦镜头拍摄或者其他外部原因导致的相机镜头晃动而研发的，通过镜头内部的陀螺仪探测画面晃动情况，再由防抖镜片矫正，但是价格较贵。

2. 移轴镜头

移轴镜头是指在相机机身和感光元件保持位置不变的情况下，整个镜头主光轴平移、倾斜或旋转来获得拥有透视关系或全区域聚焦画面的镜头。移轴镜头具有校正镜头畸变的功能，可以把现实世界微缩成模型世界。

3. 折返镜头

折返镜头是一种超远摄像镜头，长相短胖，重量较轻，适用于手持拍摄。折返镜头焦距大多在 500 mm 以上，但是体积和重量却小于同焦距的长焦镜头。美中不足的是，折返镜头无法调整光圈大小（折返镜头只有一档光圈），导致较难控制景深，而且对曝光技术也提出了很高的要求。

（七）常用滤镜

滤镜是安装在镜头前面的一种光学介质附件，具有特殊的过滤作用。常用的滤镜有密度镜、渐变镜和偏振镜等，形状有圆片和方片两种。

1. 密度镜

密度镜是一种灰度光学镜片（俗称灰片），用来降低进入镜头的光线强度，有机内密度镜和镜头前外加密度镜两种。在强烈光照条件下使用密度镜，可以避免曝光过度，也可以选择大光圈来虚化背景。专业摄影机上都带有内置密度镜，分为 1/4、1/16、1/64 三档，每档可使画面亮度减弱两级。拍摄时画面的亮度是由摄影机上的快门速度和光圈来决定的，当光照条件过于明亮，摄影师会采用最小的光圈进行曝光，如果画面还是过于明亮，这时就需要使用密度镜减少进入镜头的光线。

2. 渐变滤镜

渐变滤镜是一种特殊的密度镜，即在镜头上有深浅区域变化，可以让部分光线均匀通过又不影响画面颜色。渐变滤镜的用途是平衡画面里面亮度过大的场景，比如解决常见的天空明亮而地面灰暗的场景拍摄问题，这时如果采用渐变滤镜压暗天空的亮度，就可以使天空与地面的亮度相协调，达到良好的构图效果。

3. 偏振镜

偏振镜主要是为了过滤偏振光的杂乱干扰，保证光线进入镜头的有效性。在拍摄海洋、湖泊和溪流的水面时，在镜头前使用偏振镜可以消除水面的反光，使画面清澈透底。在拍摄晴朗天空时在镜头前使用偏振镜可以消除或减弱天空的偏振光，使蓝天更蓝、白云更白。使用偏振镜拍摄天空时要注意，要以南北方向的天空为拍摄对象，因为东西方向有太阳，没有多少偏振光可以阻拦，也就很难产生效果。

三、灯光

（一）钨丝灯

钨丝灯，是以钨丝作为灯丝制成的白炽灯。

（二）镝灯

镝灯属高强度气体放电灯，是一种具有高光效、高显色显性（色指数 80 以上）、长寿命的新型气体放电光源。镝灯光效高、显色性好、亮度高，是金属卤化物灯的一种，它利用充入的碘化镝、碘化亚铊、汞等物质发出特有的密集型光谱，使用时需相应的镇流器和触发器。

（三）LED 灯

LED 灯由 LED 灯珠组合而成，发光效率高，可形成大面积发光矩阵，显色指数高，配有高透光率亚克力柔光板，光输出柔和、均匀。并且无有害红外线、紫外线，无眩光，无闪烁，不刺眼。还具有自然散热、环保节能、超长寿命 50 000 小时、运行费用低、比传统的三基色冷光灯节能 50%、节约线材等优点，但显色性较差。

四、辅助设备

（一）三脚架

三脚架是最常见的稳定设备，一般用金属制造。三脚架的三条腿可自由伸缩以调节高度和跨度，便于携带。三脚架上端装有云台，用来连接摄影机，可以上下、左右、仰俯转动以调节拍摄角度，重型三脚架云台带有液压阻尼，使大型摄影机更加稳定。

（二）轨道

轨道是维持摄影机稳定运动的重要设备，常见于重要、专业的录制场合，主要是使摄影机在一定的运动轨迹上获得稳定的移动效果。其缺点在于体积、重量过大，无法自由使用。

（三）摇臂

摇臂是拍摄电视剧、电影、广告等大型影视作品时用到的一种大型器材，摇臂是一个巨大的机械臂，主要功能是在拍摄的时候能够全方位拍摄场景，并且增加了升降功能。使用摇臂让镜头在摇的时候更加"夸张"，借此可以拍摄出宏伟、大气的场面。

（四）稳定器

影响画面质量的一大因素就是拍摄时画面的稳定性，拍摄画面以稳为先，所以摄像机的稳定器材就显得尤为重要。目前分为斯坦尼康和电子三轴稳定器。

（五）魔术腿

魔术腿是专门用于影视拍摄的附件，优点是可折叠放置，节省空间。不同于三脚架的分脚固定设计，魔术腿改善了操作费力、容易卡死及维修复杂等问题，也可用于灯光架，稳定性好。

（六）跟焦器

跟焦器的作用主要是视频的拍摄，在动态的视频拍摄中，实时控制镜头的焦点，并且比传统的手拧镜头，更加精准、稳定。

第二节　摄影设备操作

一、光圈

（一）光圈的概念及作用

光圈是控制光线透过镜头进入机身内感光度数量多少的装置，它是评判镜头性能的一个极为重要的指标。光圈可以简单地理解为镜头上的一个孔，这个孔控制着通过镜头进入机身感光面光线数量的多少，孔径越大，一定时间内到达感光面的光线数量就越多；相反，孔径越小，进入机身的感光面的光线数量也就越少。由此可见，在同一单位时间内，光圈的大小直接决定着进光量的多少，这就是光圈最为重要的作用。

（二）光圈的表示方法

光圈的大小用 f/ 数值表示，f/ 数值 = 镜头焦距 / 光圈的直径。完整的光圈系列包括 f/1、f/1.4、f/2、f/2.8、f/4、f/5.6、f/8、f/11、f/16、f/22、f/32、f/44、f/64，其中每一个数字代表着一级光圈，每一级光圈之间相差 1 倍的进光量。f/ 数值中的数字越小，代表光圈越大，反之光圈越小。

（三）光圈对画面的影响

1. 大光圈对画面的影响

大光圈是指光圈值 f/2.8 或以下的光圈。当外部光线不足，摄影师就尽可能采用大光圈拍摄，好让光线到达感光面，来保证曝光所需的光线强度。大光圈也叫高速光圈，因为光圈大，所以进光量就多，在曝光量相同的条件下，就能减少曝光时间，即提高快门速度。大光圈拍摄可以得到模糊的背景，画面具有朦胧美，多用于人像、运动场景、自然风景拍摄等。

2. 小光圈对画面的影响

光圈在 f/11 或以上的光圈称为小光圈，当光线充足的时候，可以使用小光圈来减少进光量。当采用小光圈拍摄的时候，画面前后景具有非常清晰、非常适合表现大场景的风光作品。虽然小光圈可以获得前后景都清晰的效果，但是要注意千万不要产生光圈越小，画面的前后景就会越清晰，画面就会越细腻的错误想法。因为用镜头的最小光圈，尤其是使用广角镜头的最小光圈，容易出现画面分辨率、反差急剧降低等问题，导致拍摄出的照片灰蒙蒙一片，因此要避免使用最小光圈拍摄。

（四）光圈的使用方法

光圈由于受到光学原理的限制，并不是常规思维的光圈越大画质最佳，通常在收缩光圈后，画质会有明显的改善，但也并不是光圈越小成像质量就越高。这是因为每款镜头都有一个或多个最佳光圈（最佳成像光圈），例如一个普通的镜头，如果调整好光圈大小，达到最佳光圈，那么拍摄出来的影像质量也不亚于专业镜头的画质。也就是说，采用最佳光圈拍摄可以最大限度发挥镜头的能力，得到最高的清晰度与最佳锐度的画质。

因为镜头的种类不同，所以镜头的最佳光圈位置也不一样。大多数的镜头最佳光圈都出现在最大光圈收缩 2 档或者 3 档的位置。一些性能高、光圈大的镜头只需要将镜头调整缩小 1~2 档就会得到最佳光圈，还有一些性能相对较差的镜头最大光圈需要收缩更多的档位，才能达到最佳光圈，此类镜头存在一个拍摄问题，若镜头的最佳光圈较小，在室内或者相对较暗的地方拍摄容易受到环境影响，因为小光圈需要更长的时间来曝光，在曝光过程中，由于机器的移动产生晃动会影响画面的清晰度。

1. 相机画幅对最佳光圈的影响

相机画幅大小不同，导致相机内部感光元件的大小互不相同，因而最佳光圈也受到了相应的影响。比如：全画幅相机的最佳光圈大致位于最大光圈小 2~3 档的地方。各种画幅相机的最佳光圈如下：

（1）全画幅数码单反相机：最佳光圈相当于在镜头最大光圈上缩小 2~3 档。

（2）APS 画幅数码单反相机，最佳光圈相当于在镜头最大光圈的基础上缩小 1~2 档。

（3）4/3 画幅数码相机，最佳光圈相当于在镜头最大光圈的基础上缩小 1 档。

（4）小型便携式卡片数码相机，最佳光圈几乎就是最大光圈。

2. 最佳光圈的效果

最佳光圈会让被拍摄对象更加清晰，因此适用于建筑、雕塑、绘画等。

二、快门

（一）快门速度的概念

快门速度是指曝光时间的长短，即相机快门被按下后通光时间的长度。它是影响曝光量的一个重要因素。在一般条件下，光线越充足，所需的时间就越短，意味着快门速度越快；当光线相对不足时，所需曝光时间就越长，这时就需要相对较慢的快门速度。快门速度的快慢直接决定数码相机的感光元件感光时间的长短，快门速度越快，光元件的感光时间就越短，也就是说进入相机的光线总量就越少；反之，快门速度越慢，感光元件的感光时间就越长，意味着相机的进光量就越多。

（二）快门速度的表示方法

快门速度以秒（s）为单位，如今的数码单反相机常用的快门速度有30s、15s、8s、4s、2s、1s、1/2s、1/4s、1/8s、1/15s、1/30s、1/60s、1/125s、1/250s、1/500s、1/1000s、1/2000s、1/4000s、1/8000s。相邻的两个档快门速度的通光量差1倍，也就是相差一级的通光量，例如：1/8s和1/15s的通光量差2倍，是1/30s通光量的4倍。在使用B门拍摄时，可以设置30s以上的快门速度。

（三）感光度

感光度是从传统胶片相机引入数码相机的概念。

1. 感光度对画质的影响

ISO感光度对画面的影响是显而易见的。在拥有足够好的光照条件下，低感光度拍摄，可以得到更高清的画质、更微小的细节、更强的层次感。高感光度更多用在弱光拍摄的条件下，但是拍摄得到的画面噪点多，质量低（感光度越高，拍摄的画面噪点越多）。

2. 光圈、快门速度和感光度三者之间的关系

曝光量的多少是影响最后成像画面质量的核心因素，曝光量数值由光圈、快门速度、感光度三者共同决定。三者关系为光圈影响画面的景深大小，快门速度决定运动物体在画面中的形态，感光度则直接影响最后的成像画质。

（四）对焦

对焦是为了让拍摄主体在画面里得到清晰呈现，数码单反相机普遍采用多点对焦，根据相机的档次不同，对焦点数量也有巨大差别。这些对焦点的对焦能力并不相同，离画面中央越远的对焦点，其对焦能力越弱，这说明中央那个对焦点的对焦能力是最强的。因此，在拍摄时尽量选择中央对焦点进行对焦。

1. 自动对焦 AF

自动对焦是当今数码相机必备的一项基本功能，特点是对焦速度快、操作方便，而且随着技术进步，在大多数情况下，自动对焦系统都能精确地完成对焦。采用这种对焦方式对焦时，有利于摄影者把主要精力集中在所拍摄的画面上，全神贯注地抓拍被摄主体的瞬间，因此自动对焦得到了多数摄影人的喜爱。

2. 手动对焦 MF

在严谨的艺术创作中，有时候光线太暗相机不能正常完成自动对焦，或者自动对焦并不能很好地完成摄影师的拍摄意图，这时通常会使用手动对焦模式进行拍摄，昂贵的电影镜头也都是机械形式的手动对焦。手动对焦很大程度上依赖人眼的判断，对摄影师的视力和熟练程度要求较高。

（五）测光

为了更好地在拍摄中明确拍摄主体，更好地表现主题，就需要了解常见的几种测光模式。

1. 评价测光模式

评价测光又称矩阵测光，是目前最先进的智能测光模式。

2. 程序自动模式

在程序自动模式下，机器会对快门速度和光圈进行智能组合，但是白平衡、感光度、曝光补偿和闪光灯等功能还是需要摄影师进行手动控制。该模式既可以自动控制，又可以进行部分人工操作微调，是一种适合新手使用的曝光模式。

3. 光圈优先模式

在光圈优先模式下，摄影师只需要提前设置好所需的光圈大小和曝光程度，机器就会智能组合相应的快门速度，达到最佳的效果。使用该模式可以通过控制光圈的大小，进而控制画面的景深，即光圈越大，景深越小，画面中清晰部分就越少，主体得到突出；反之光圈越小，景深越大，画面清晰范围越多。

4. 快门优先模式

在快门优先模式下，摄影师需要提前设定好快门速度和曝光程度，机器就会智能组合相应的光圈，达到最佳曝光效果。该模式常用于运动摄影，譬如奔腾不息的江河、高速运动的汽车等。在使用该模式时，要注意两个事项：一是当周围光线较为强烈的时候，使用慢快门拍摄会造成曝光过度的现象，这时需要使用减光镜来解决该问题；二是当光线较暗的时候，使用高速快门拍摄会造成曝光不足的情况，这时就需要进行曝光补偿，或者调整感光度来解决。

5. 手动曝光模式

在手动曝光模式下，快门速度和光圈都是由摄影师自己设定，这也就对摄影师的操作经验有了很高的要求。在大多数的专业拍摄中，为了达到最佳的画面效果，往往采用手动曝光模式进行拍摄，这样还可以锻炼摄影师对光圈、快门速度、感光度、测光模式、曝光组合等知识的使用和理解。

（六）视频参数

1. 分辨率

分辨率的高低决定了所拍摄的影像最终能在显示器上所显示画面的大小。

数码相机分辨率的高低，取决于相机中感光元器件芯片上像素的多少，像素越多，分辨率越高。数码相机的最大分辨率也是由其生产工艺决定的，但用户可以调整到更低分辨率以减少照片占用的空间。高分辨率的相机生成的数据文件很大，因此对加工、处理的计算机的速度、内存和硬盘的容量以及相应软件都有较高的要求。

2. 帧速率

帧速率是指每秒钟刷新的图片帧数，也可以理解为图形处理器每秒钟能够刷新几次。对影片内容而言，帧速率指每秒所显示的静止帧格数。要生成平滑连贯的动画效果，帧速率一般不小于8fps，而电影的帧速率为24fps。捕捉动态视频内容时，帧速率越高越好。

3. 码率

码率又叫比特率，表示单位时间内传递比特（bit）的数目，用于衡量数字信息的传递速度。

比特率规定使用"比特每秒"（bit/s 或 bps）为单位，"b"应该总是小写，以避免与"字节每秒"（Bytes/s, B/s）混淆。字节（Byte）是构成信息的单位，在计算机中作为处理数据的基本单位，1字节等于8位，即 1 Byte = 8 bits。经常和国际单位制词头关联在一起，如"千"（kbit/s 或 kbps）、"兆"（Mbit/s 或 Mbps）、"吉"（Gbit/s 或 Gbps）和"太"（Tbit/s 或 Tbps）。

虽然经常作为"速度"的参考，但比特率并不测量"距离/时间"，而是被传输或者被处理的"二进制码数量/时间"，所以应当对它和传播速度有所区分，因为传播速度依赖于传输的介质并且有通常的物理意义。

在电信和计算机科学中，比特率（bit rate）是指信号（用数字二进制位表示）通过系统（设备、无线电波或导线）处理或传送的速率，即单位时间内处理或传输的数据量。

4. 色彩位数/深度

色彩位数又称彩色深度，数码摄像头的彩色深度指标反映了摄像头能正确记录颜色有多少。色彩位数越高，就可以得到更大的色彩动态范围，也就是对颜色的区分能够更加细腻。色彩位数以二进制的位（bit）为单位，用位的多少表示色彩数的多少。一般摄像头中每种基色采用8bit或10bit表示，红色可以分为2的8次方=256个不同的等级，绿色和蓝色也是一样。它们的组合为256×256×256=16 777 216，即大约1600万种颜色，色彩深度值越高，就越能真实地还原色彩。

5. 格式

帧内压缩格式：当压缩一帧图像时，仅考虑本帧的数据而不考虑相邻帧之间的冗余信息，这实际上与静态图像压缩类似，达不到很高的压缩比，且文件体积比较大。但是播放时不太会占用电脑CPU资源，所以常用来作为影视后期制作格式使用，如ProRes、DNxHD。

帧间压缩格式：是基于许多视频或动画的连续前后两帧具有很大的相关性（即连续的视频其相邻帧之间具有冗余信息）的特点来实现的。通过比较时间轴上不同帧之间的数据实施压缩，进一步提高压缩比。但是在播放时会占用大量电脑CPU资源，所以常用来进行传播，如MP4、XAVC。

（七）视图

1. 直方图

直方图是用图形表示图像的每个亮度级别的像素数量，展示像素在图像中的分布情况。直方图显示阴影中的细节（在直方图的左侧部分显示）、中间调（在中部显示）以及高光（在右侧部分显示）。直方图可以帮助用户确定某个图像是否有足够的细节来进行良好的校正。

直方图还提供了图像色调范围或图像基本色调类型的快速浏览图。低色调图像的细节集中在阴影处，高色调图像的细节集中在高光处，而平均色调图像的细节集中在中间调处，全色调范围的图像在所有区域中都有大量的像素。识别色调范围有助于确定相应的色调校正。

2. 峰值

在实际的操作过程中，首先要选择一个被拍摄物体，这时由于没有对焦成功，所以在画面上找不到有峰值的出现。随着转动位于镜身的手动对焦环，可以看到相机会自动识别对焦点的位置，并以100%放大的方式在屏幕上显示，这样有利于更加精准地对焦。随着转动手动对焦环，在对被摄物体进行对焦开始之后，越是接近合焦，画面上出现的白色颗粒就越明显。而这些白色的颗粒就是所谓的峰值，可以通过观察峰值在屏幕上出现的密集程度，来判断相机是否合焦准确。

3. 斑马线

斑马线的主要功能是提示曝光过度。

在数码摄像机上启动"斑马纹"功能后，每当拍摄画面的亮度超过某个默认值时，过亮的位置就会出现黑白相间条纹的"斑马纹"，提示用户该位置曝光过度。"斑马纹"功能跟数码相机的"过度曝光提示"功能非常相近，都是把画面上过于发白的地方标识出来，让用户更易判断摄像设置是否正确。"斑马纹"不会受取景器或液晶屏幕的亮度影响，就算把屏幕亮度调到最高，"斑马纹"功能也能够准确反应视频画面的曝光情况，并且斑马纹不会出现在被摄画面中。

第五章 视频广告后期制作

第一节　视频广告剪辑

一、配置与软件

（一）电脑配置

由于视频剪辑软件是属于对计算机资源需求特别大的应用，因此视频的后期编辑对电脑的硬件配置要求较高，需要性能较好的电脑作为支撑。CPU 是中央处理器，是一台电脑的核心，剪辑时 CPU 在运行必要程序之外还需要解码正在剪辑的视频素材，当解码速度达不到预览所需的数据时，电脑就会出现卡顿，所以一个甚至多个高频多核的 CPU 必不可少。内存是硬盘和 CPU 之间传输数据的中转中心，CPU 进行计算时需要从内存中读取需要的数据，所以高速 CUP 需要大容量内存配合。内存大小决定了计算机同时运行的程序有多少，如果内存太小，可能导致程序无法正常运行，也可能导致系统变得很卡。视频剪辑内存最低为 16G，推荐 32G，这样程序运行更为流畅。GPU 就是我们常说的显卡。剪辑对 GPU 的需求没有对 CPU 那么高，不过现在的剪辑软件会依靠 GPU 实现更多的渲染功能，比如 Premiere 当中有一个功能叫作水银加速（Mercury GPU Acceleration），它可以调动 GPU 来实现很多需要实时渲染的内容，尤其是对于多轨视频的剪辑和图像缩放类操作有很强的提速作用。这对于追求工作效率的人来说非常重要，建议根据预算配置一个较好的 GPU。

视频剪辑需要电脑储存大量的视频文件和素材，所以一个大容量的硬盘也必不可少。硬盘速度决定了剪辑软件读取视频素材文件的快慢，也就直接决定了剪辑软件预览的流畅性。硬盘分为机械硬盘和固态硬盘，机械硬盘容量大，且价格便宜，所以大多数情况都使用机械硬盘。固态硬盘速度更快，数据安全性高，但是容量较小，价格比较高。用户也可以选择固态硬盘和机械硬盘搭配使用，将系统和常用软件安装在固态硬盘上，大体积素材或者不常使用的文件放在机械硬盘里。若是为了追求便宜、安全的大储存空间和高读写速度，可以采用多块机械硬盘组成 RAID 磁盘阵列。

（二）视频后期剪辑软件

1. Adobe Premiere Pro

Adobe Premiere Pro 是目前最流行的视频剪辑软件之一，适用于电影、电视和 Web 的领先视频编辑软件。它能够提供色彩、音频和图形工具，还可与 Adobe 其他应用程序和服务顺畅地配合使用，其中包括 After Effects 和 Audition。无须离开此应用程序即可通过 After Effects 打开动态图形模板，下载动态图形模板并进行自定义，利用动态链接在 Audition 上处理音频文件，可直接用于 Adobe Premiere Pro 的时间线上，Premiere Pro 还与数百种合作伙伴技术进行集成。此外，Adobe Sensei 的强大功能，可通过顺畅的工作流程帮助用户将素材打造成精美的影片和视频。作为强大的数码视频编辑工具，它有着功能强大的多媒体视频、音频编辑软件，应用范围不胜枚举，制作效果美不胜收，足以协助用户更加高效地工作。Adobe Premiere Pro 以其新的合理化界面和通用高端工具，兼顾了广大视频用户的不同需求，在一个并不昂贵的视频编辑工具箱中，提供了前所未有的生产能力、控制能力和灵活性。Adobe Premiere Pro 是一个创新的非线性视频编辑应用程序，也是一个功能强大的实时视频和音频编辑工具，是视频爱好者使用最多的视频剪辑软件之一。

2. Final Cut Pro

Final Cut Pro 是苹果系统中专业视频剪辑软件 Final Cut Studio 中的一个产品。Final Cut Studio 中还包括 Motion live type、Soundtrack 等字幕、包装、声音方面的软件。Final Cut Pro X 是创建、编辑和制作高品质视频的革命性应用。Final Cut Pro 结合了对几乎所有视频格式的高性能数字编辑与支持，以及易用又省时的功能，让用户能够专注于故事叙述。凭借精确的编辑工具，用户几乎可以实时编辑所有影音格式，包括创新的 ProRes 格式。借助 Apple ProRes 系列的新增功能，用户能以更快的速度、更高的品质完成各式各样的工作流程。单击一下即可将作品输出到苹果设备、网络、蓝光光盘和 DVD 上。在 Final Cut Pro 中有许多项目都可以通过具体的参数来设定，这样就可以达到非常精细的调整。Final Cut Pro 完美支持自家的 QuickTime 格式，凡是 QuickTime 支持的媒体格式在 Final Cut Pro 都可以使用，这样就可以充分利用以前制作的各种格式的视频文件，还包括数不胜数的 Flash 动画文件。

3. Avid Media Composer

Avid 提供一系列专为后期专业制作人员而设计的不同配置的产品，可以为他们提供更高的创造性能，充分满足他们的项目制作需求。无论是选用 Media Composer 单独的软件产品，还是配备了功能强大的 Avid DNA®，都会得出一个相同的结论，Media Composer 简直就是全球最佳的编辑器。

Media Composer 问世使其系统已经成为非线性影片和视频编辑的标准。没有任何编辑系统可以与其相媲美，其具备如此强大的性能、多功能特性和完美的 Media Composer 工具集于一体。

今天，Media Composer 编辑系统深受全球大多数创新影片和视频专业人士、独立艺术家、新媒体开拓者和后期制作工作室的喜爱，已经成为他们的首选编辑系统。没有任何系统可以像 Media Composer 这样，能够提供完整的创造性工具集、灵活的格式支持和精确的媒体管理性能。从无磁带工作流程到无缝式统一，从 HD 多镜头素材摄录到 HD 日常媒体数据，Media Composer 系统始终都冲锋在业界最为复杂的制作项目的前沿。

无论是选用 Media Composer 单独的软件产品，还是配备了 Avid Digital Nonlinear Accelerator TM（Avid DNA）硬件设备的完整系统，对于创造性专业人士的所有制作项目来说，都具有非常重要的意义。扩展后的 Media Composer 系列产品，通过组合式解决方案，为后期制作工作室提供无可匹敌的灵活性能，可以自由混合 Mac 和 Windows 版本，并可以通过与 Avid SymphonyTM 后期制作系统的整合，提供 HD 支持、实时多镜头编辑和 Total Conform 功能。

（三）常用的音视频文件格式

1. 视频文件格式

视频格式由封装格式和编码方式两部分组成。即使是同一种视频编码方式，如 H.264 编码又分为 mp4、mov 两种不同的视频封装格式，就算是同一种视频封装格式，如 mov 又可以使用多种视频编码方式，如 ProRes、H.264、H.265。视频的编码方式才是一个视频文件的本质所在，在严谨的后期制作中，不要简单地通过文件后缀和封装格式来区分视频格式。

2. 封装格式

封装格式的英文是 Format，也就是视频文件的后缀名。我们知道系统中的文件名都有后缀，例如 doc、wps、psd 等。后缀名的目的是让系统中的应用程序来识别并关联这些文件，让相应的文件由对应的应用程序打开。常见的视频文件格式后缀如 avi、mp4、flv、mov，这些都叫作视频封装格式，它与电脑上安装的视频播放器关联。用户可以随意改扩展名，但是对视频文件没有什么影响，因为将 avi 改成 mp4，视频也不会变成 mp4 格式。封装格式相当于储存视频信息的容器，容器里可以放入帧、音频、媒体信息、字幕等信息。

3. 编码方式

编码的英文为 Codec，将它分解开就是 Coder 和 Decoder，也就是编码器和解码器。编码方式是指能够对数据进行压缩的程序或硬件，相当于决定了容器内物品的摆放方式。完全无压缩的视频码率很大，视频文件体积不是现在电脑或者互联网能承受得了的，于是就需要编码来压缩视频文件体积。编码种类很多，分为拍摄编码、剪辑编码、输出编码，根据不同使用场景来选择并转换不同的编码方式。

4. 帧内压缩编码

当压缩一帧图像时，仅考虑本帧的数据而不考虑相邻帧之间的冗余信息，实际上这与静态图像压缩类似，达不到很高的压缩比，文件体积比较大，但是播放时不太会占用电脑 CPU 资源，常用来作为影视后期制作格式使用，如 ProRes、DNxHD。

5. 帧间压缩编码

帧间压缩编码是基于许多视频或动画的连续前后两帧，具有很大的相关性（即连续的视频其相邻帧之间具有冗余信息）的特点来实现的，通过比较时间轴上不同帧之间的数据实施压缩，进一步提高压缩比，但是在播放时会占用大量电脑 cpu 资源，常用来进行传播，如 mp4、XAVC 等格式视频。

6. 解码方式

有编码方式就会有解码方式，解码方式又分为硬件解码和软件解码。

硬件解码就是通过硬件进行视频的解码工作，其中硬件解码是由 GPU 来进行的，使用 GPU 解码能够降低 CPU 的工作负荷，降低功耗。硬解码播放出来的视频较为流畅，并且能够延长移动设备播放视频的时间。软件解码则是通过软件本身占用的 CPU 进行解码，所以会增加 CPU 工作负荷，提升功耗，并且占用过多的 CPU 资源。如果 CPU 能力不足，则软件也将受到影响。

7. 常见的封装格式

（1）AVI 格式（文件后缀为 .AVI）：它的英文全称为 Audio Video Interleaved，即音频视频交错格式。1992 年由 Microsoft 公司推出。这种视频格式的优点是图像质量好，且由于无损 AVI 可以保存 Alpha 通道，经常被用户使用；但是缺点太多，体积过于庞大，而且更加糟糕的是压缩标准不统一，最普遍的现象就是高版本 Windows 媒体播放器播放不了采用早期编码编辑的 AVI 格式视频，而低版本 Windows 媒体播放器又播放不了采用最新编码编辑的 AVI 格式视频，所以在进行一些 AVI 格式的视频播放时经常会出现由于视频编码问题而造成的视频不能播放。即使能够播放，但存在不能调节播放进度和播放时只有声音没有图像等一些莫名其妙的问题。

（2）DV-AVI 格式（文件后缀为 .AVI）：DV 的英文全称是 Digital Video Format，是由索尼、松下、JVC 等多家厂商联合提出的一种家用数字视频格式。数字摄像机就是使用这种格式记录视频数据的，它可以通过电脑的 IEEE 1394 端口传输视频数据到电脑，也可以将电脑中编辑好的视频数据回录到数码摄像机中，这种视频格式的文件扩展名也是 avi。电视台采用录像带记录模拟信号，通过 EDIUS 由 IEEE 1394 端口采集卡从录像带中采集出来的视频就是这种格式。

（3）QuickTime File Format 格式（文件后缀为 .MOV）：美国 Apple 公司开发的一种视频格式，默认的播放器是苹果的 QuickTime。

QuickTime 具有较高的压缩比率和较完美的视频清晰度等特点，并可以保存 Alpha 通道。大家可能注意到了，每次安装 EDIUS，我们都要安装苹果公司推出的 QuickTime。安装的目的就是支持 JPG 格式图像和 MOV 视频格式导入。

（4）MPEG 格式（文件后缀是 .MPG、.MPEG、.MPE、.DAT、.VOB、.ASF、.3GP、.MP4 等）：它的英文全称为 Moving Picture Experts Group，即运

动图像专家组格式。该专家组建于 1988 年，专门负责为 CD 建立视频和音频标准，其成员都是视频、音频及系统领域的技术专家。

MPEG 文件格式是运动图像压缩算法的国际标准。MPEG 格式有三个压缩标准，分别是 MPEG-1、MPEG-2 和 MPEG-4。MPEG-1、MPEG-2 目前已经较少使用，下面着重介绍 MPEG-4。MPEG-4 制定于 1998 年，是为了播放流式媒体的高质量视频而专门设计的，以求使用最少的数据获得最佳的图像质量。目前 MPEG-4 最有吸引力的地方在于它能够保存接近于 DVD 画质的小体积视频文件。至于 MPEG-3 编码，原本是为高分辨率电视（HDTV）设计，但随后发现 MPEG-2 已足够 HDTV 应用，故 MPEG-3 的研发便中止。

（5）WMV 格式（文件后缀为 .WMV、.ASF）：它的英文全称为 Windows Media Video，也是微软推出的一种采用独立编码方式并且可以直接在网上实时观看视频节目的文件压缩格式。

WMV 格式的主要优点包括：本地或网络回放、边下边播以及扩展性等。WMV 格式需要在网站上播放，并且需要安装 Windows Media Player（简称 WMP），很不方便，现在已经几乎没有网站采用了。

（6）Real Video 格式（文件后缀为 .RM、.RMVB）：Real Networks 公司所制定的音频视频压缩规范称为 Real Media。

用户可以使用 RealPlayer 根据不同的网络传输速率制定出不同的压缩比率，从而实现在低速率的网络上进行影像数据实时传送和播放。RMVB 格式：这是一种由 RM 视频格式升级延伸出的新视频格式，在性能上有很大的提升。RMVB 视频也有较明显的优势，一部大小为 700MB 左右的 DVD 影片，如果将其转录成同样品质的 RMVB 格式，其大小最多也就 400MB 左右。以前在网络上下载电影和视频的时候，经常接触到 RMVB 格式，但是随着时代的发展，这种格式被越来越多的更优秀的格式替代。

（7）Flash Video 格式（文件后缀为 .FLV）：由 Adobe Flash 延伸出来的一种流行网络视频封装格式。随着视频网站的丰富，这个格式已经非常普及。

（8）Matroska 格式（文件后缀为 .MKV）：是一种新的多媒体封装格式，这个封装格式可把多种不同编码的视频及 16 条或以上不同格式的音频和语言不同的字幕封装到一个 Matroska Media 档内。它也是一种开放源代码的多媒体封装格式。Matroska 同时还可以提供非常好的交互功能，而且比 MPEG 更方便、强大。

（四）常见的编码方式

1. H.26X 系列［由 ITU（国际电传视讯联盟）主导］

包括 H.261、H.262、H.263、H.264、H.265。

（1）H.261：主要在门户网站时代视频会议和视频电话产品中使用。

（2）H.262：H.262 在技术内容上和 ISO/IEC 的 MPEG-2 视频标准（正式名称是 ISO/IEC13818-2）一致。

（3）H.263：主要用在移动互联网时代视频会议、视频电话和网络视频上。

（4）H.264：H.264/MPEG-4 第十部分，或称 AVC（Advanced Video Coding，高级视频编码），是一种视频压缩标准，一种被广泛使用的高精度视频的录制、压缩和发布格式。

（5）H.265：高效率视频编码（High Efficiency Video Coding，简称 HEVC）是一种视频压缩标准，H.264/MPEG-4 的继任者。HEVC 不仅提升了图像质量，同时也能达到 H.264/MPEG-4 两倍之压缩率（等同于同样画面质量下比特率减少了 50%），可支持 4K 分辨率甚至超高画质电视，最高分辨率可达 8K，这是目前发展的趋势。直至 2013 年，Potplayer 添加了对 H.265 视频的解码，尚未有大众化编码软件出现。

2. MPEG 系列［由 ISO（国际标准组织机构）下属的 MPEG（运动图像专家组）开发］

（1）MPEG-1 第二部分：MPEG-1 第二部分主要使用在 VCD 上，有些在线视频也使用这种格式。该编解码器的质量大致上和原有的 VHS 录像带相当。

（2）MPEG-2 第二部分：MPEG-2 第二部分等同于 H.262，使用在 DVD、SVCD 和大多数数字视频广播系统和有线分布系统（Cable Distribution Systems）。

（3）MPEG-4 第二部分：MPEG-4 第二部分可以使用在网络传输、广播和媒体存储上。比起 MPEG-2 和第一版的 H.263，它的压缩性能有所提高。

（4）MPEG-4 第十部分：MPEG-4 第十部分技术上和 ITU-T H.264 是相同的标准，有时候也被叫作"AVC"，最后这两个编码组织合作，诞生了 H.264/AVC 标准。ITU-T 给这个标准命名为 H.264，而 ISO/IEC 称它为 MPEG-4 高级视频编码（Advanced Video Coding，AVC）。

3. 其他系列

AMV、AVS、Bink、CineForm、Cinepak、Dirac、DVIndeo、Video、Pixlet、RealVideo、RTVideo、SheerVideo、Smacker、SorensonVideo、Theora、VC-1、VP3、VP6、VP7、VP8、VP9、WMV。因为以上编码方式不常用，不再介绍。

（五）音频文件格式

MP3 是一种音频压缩技术，其全称是动态影像专家压缩标准音频层面 3（Moving Picture Experts Group Audio Layer III），简称为 mp3。它被设计用来大幅度降低音频数据量，利用 MPEG Audio Layer 3 的技术，可以将音乐以 1∶10 甚至 1∶12 的压缩率，压缩成容量较小的文件。对大多数用户来说，重放的音质与最初的不压缩音频相比并没有明显的下降。WAV 为微软公司开发的一种声音文件格式，它符合 RIFF（Resource Interchange File Format）文件规范，用于保存 Windows 平台的音频信息资源，被 Windows 平台及其应用程序所广泛支持，支持多种音频数字，取样频率和声道。标准格式化的 WAV 文件和 CD 格式一样，也是 44.1K 的取样频率，16 位量化数字，因此声音文件质量和 CD 相差无几。

二、后期剪辑基本概念

（一）非线性剪辑

简单地说，使用计算机对拍摄的数字视频进行处理，就是非线性编辑。它是应用计算机图形、图像技术，在计算机上对各种原始素材进行编辑操作，并将最终结果输出到计算机硬盘、光盘等记录设备上等一系列完整的工艺过程。1970 年美国开发了世界上第一套非线性编辑系统，经过 30 多年的发展，现有的非线性编辑系统已经完全实现了数字化以及与模拟视频信号的高度兼容，并广泛应用在电影、电视、广播、网络等传播领域。

（二）时间码

视频素材的长度和它的开始帧就是时间码。结束帧是由时间码单位和地址来度量的，即以小时、分钟、秒帧的形式确定每一帧的地址，PAL 制采纳的是 25 帧/秒的标准。

NTSC 制采纳的是 29.97 帧/秒的标准。早期的黑白电视使用的是 30 帧/秒标准。

(三）帧、帧速率

视频是由一系列单张图像（称为帧）在每秒一定帧速率的情况下连续播放的视觉现象。典型的帧速率范围是 24~30 帧/秒。一般情况下，电影的播放帧数是每秒 24 帧（24 幅画面），电视的播放帧数是每秒 30 帧（30 幅画面）。

（四）颜色深度

图像中每个像素可显示出的颜色数称作颜色深度，通常有以下几种颜色深度标准：24 位真彩色，即每个像素所能显示的颜色数为 24 位，也就是 2×24，约有 1680 万种颜色；16 位增强色，即增强色为 16 位颜色，每个像素显示的颜色数为 2×16，有 65 536 种颜色；8 位色，即每个像素显示的颜色数为 2×8，有 256 种颜色。

（五）Alpha 通道

视频编辑除了使用标准的颜色深度外，还可以使用 32 位颜色深度。32 位颜色深度实际上是在 24 位颜色深度上添加了一个 8 位的灰度通道，可以为每一个像素存储透明度信息。这个 8 位灰度通道称为 Alpha 通道。

（六）轴线规律

轴线是一条假想线，也是一种关系线，来规定电影中人物活动与对话时能有一个共同的主轴线。为此在后期剪辑时，上下镜头之间应有统一的方向和视线。这样才能让前后画面流畅，符合人的心理规律，不会出现反常和错觉的视觉感。

（七）背景音乐

视频中穿插出现的背景音乐（包括歌曲与乐曲），是在后期编辑中专门添加进影片的。它可以有效地带动故事情节的发展，揭示人物的内心活动和情感，起到烘托气氛和制造节奏的作用。它是在解说配音和人物对白之外，伴随画面时常出现的音乐效果，虽然若有若无、轻重不一，但具有语言所不能表达的效果。

（八）特效效果

在视频画面中，常有一些人工制造出来的假象、幻象和仿真物象，具有非常新颖、无比奇特的影像效果，这就是影视特技效果。它的出现既可以降低制作成本，避免演员处于危险现场，又打开了人类的想象空间，展现出自由神奇的世界，使得影片更加扣人心弦。过去，人们主要用模型来制作特技，现在随着数字能像技术的发展，可以利用电脑来制作特技。一些过去难以做到的特技效果，如风雨雷电、山崩地裂、房屋倒塌、火山爆发等，都可以用专门的影视图形图像软件来实现。

第二节　视频广告的后期剪辑

一、视频广告的剪辑流程

（一）素材获取

作为剪辑师一定要拿到所有拍摄好的素材镜头。这些视频图像和声音素材，无论在硬盘、互联网或者网盘中，剪辑师都要搜集齐全，以备后期制作使用，所选的媒介取决于剪辑的方法和剪辑师所用的设备。

（二）素材整理

专业高效的剪辑工作一定要具备一套科学的素材管理体系，如果剪辑师对项目资料缺乏清晰的标识、分组或者分类，就会导致剪辑师很难发现好的镜头或者好的音效。虽然对原素材的整理并不是整个剪辑中最出彩的部分，但这是决定剪辑过程是顺利流畅还是缓慢困难的关键。许多优秀的剪辑师都拥有一套有效的整理技巧，他们能够将无序的素材整理得井井有条，再将这些有序的素材加工制作为成片。

（三）回看和筛选

一旦剪辑师收集完所有素材，就必须回看这些素材，以挑选出最适合做项目的片段，取其精华，去其糟粕。但是需要注意一点，用不上的素材不要全部扔掉，也许在之后的剪辑中灵光一现就会将其穿插在成片中，成为一个好的创意点。

（四）顺片

在这个过程中，剪辑师需要将整个项目所有主要镜头的影像和声音元素按照逻辑顺序进行组合。例如：正在制作一个有剧本的片子，剪辑师就必须以剧本为蓝本，将片子选择的各个镜头的最佳镜头组合在一起。无论是什么类型的作品在经过这个步骤之后，作品的最长、最粗糙的剪辑版基本上初具规模了。

（五）粗剪

在这个阶段，片子中大部分无用的镜头都会被剪掉，剩下的是一个叙事结构完整但是还存在许多粗糙之处的故事。虽然在这一阶段许多特效、字幕和剪切时机的把握都不是很完美，但是作为故事的整体框架、主要元素的时间节奏都已经奠定。

（六）精剪

精剪是对粗剪过后的片子进行"按摩瘦身"的过程，使素材变成一个结构严谨的素材盛宴。这个阶段，作品不需要进行大的修改。

（七）定剪

当剪辑师确定不会再对所剪辑的片子做任何修改时，就达成了图像锁定环节。所有的图像元素（镜头、字幕、黑屏暂停等）的时间都已经定好。一旦图像锁定，便可以着手进行声音的混合。当声音混合完成，音乐就位后，剪辑就进入了最终的阶段。

（八）成片交付

剪辑工作的最终步骤就是生成母版或者电子格式的文件交付给电影院、出版商、广告主等甲方。在进行成品导出时要针对不同的媒介生成不同的完整母版。

二、镜头组接规律

（一）信息

新的镜头应该给观众带来新的信息。在视频剪辑中，这种信息主要体现为视觉信息（例如，新角色登场，不同地点的展现等），也可能表现为听觉信息（旁白、马蹄声、讲话声等）。一位优秀的剪辑师经常会自问：接下来观众希望看到什么画面？接下来观众应该看到什么画面？接下来什么画面不能让观众看到？

如何解决这一系列的问题就不得不提到剪辑师调动观众情绪（让观众笑、

让观众哭、让观众惊恐等）和思维（让他们思考、猜测和期待）。通过正面的提问可以将同样的故事情节以一种巧妙隐晦的方式呈献给观众。就像悬疑片会给观众带来一些误导信息，爱情剧则会给观众提供一些剧中人物不知道的秘密信息，不管提供什么样的信息，目的无外乎是调动观众情绪，使他们积极参与到故事中来，令他们不断思考从而对视频本身兴趣盎然。当观众完美地沉浸在故事当中而忽略了剪辑本身的时候，说明视频具有良好的表现力和流畅力，那么剪辑师的工作目标就达到了。此外，作为剪辑师还需要明白一个事实，那就是新的信息是所有剪辑选择的基础。不管一个镜头什么时候切换到另一个镜头，剪辑师都必须清楚地知道，被剪掉的这个视频中是否还有新的信息？这个镜头为什么被剪切？还有没有什么更好的选择？同一个场景还有没有另外一个镜头可以提供新的信息并且满足剧情需要？无论镜头多么的华美、炫酷、造价不菲，只要是不能为故事发展提供新的信息，这个镜头就不能出现在最终成片版中。

（二）动机

剪辑中剪切的新镜头应为观众提供新的信息，但是切出的镜头呢？为什么要切出那个镜头？何时是切出镜头的最佳时机？从一个镜头转换到另一个镜头总有动机，这种动机可能是视觉动机，也可能是听觉动机。以电影为例，动机因素通常是当面镜头中由主体或客体发出的一种动作，大到汽车跨越河流，小到面部的一个细微动作，或者是特写镜头中一个角色眼睛稍微向左移动，好像看向屏幕外的某个东西。剪辑的逻辑就是切出之前的特写，迅速切入角色感兴趣的客体。

举个例子，以中远景镜头拍摄的一个男人站在厨房中，眼睛注视着火炉上的一个茶壶，茶壶开始发出声响。从中远景镜头中茶壶的响声可以切入茶壶的特写，从壶嘴中冒出的蒸汽顺理成章地导致茶壶发出更大的声响。可以注意到，由于特写镜头放大了茶壶的大小和重要性，因此同时调高声道中茶壶发出的声响也就合情合理。这个例子说明了可视物体的大小可以影响该物体制造的声音的音量。稍微改变一下当时的情景，假设用中景镜头拍摄刚才那个男人坐在客厅的餐桌旁，茶壶开始发出声响，但在镜头中看不到茶壶。接下来切入和前面例子相同的茶壶特写，同样，在新镜头的声道中茶壶发出更大的声响。在这种情况下，即使看不到茶壶，观众也会接受茶壶在房间里作为新的信息发出的声音。当切入茶壶本身的特写时就已经达到了既定效果，观众没有注意到从一个镜头到下一个镜头的转换，那是因为他们正在处理接收到的信息，并且信息在他们的认知领域合情合理。

还有更加先进的方法就是用声音作为转场动机，这种设计更为概念化。这种转场方法要求剪辑师建立一个所谓的"声桥"，即一种由观众看不到、不为观众所知的东西产生的声音出现在第一个镜头中。这种声音推动该镜头切入第二个镜头，在这里揭开了这种声音神秘的面纱。还是用茶壶为例，稍加改动变成：一个男人在厨房里，旁边有一只茶壶，开始观众只听到了茶壶的声响，镜头由此切入一列旧式蒸汽火车的汽笛声，火车的汽笛声促使观众离开第一个镜头，并带着它们转场到第二个镜头。观众并没有注意到是由剪切造成的，这是因为出现的火车轰鸣的、新的视觉画面带给观众要处理的信息，并且这种剪辑遵循一个众所周知的逻辑。

（三）镜头构图

虽然剪辑师无法控制镜头中的视觉元素构图，但是却能选择在转场时将两个镜头放在一起剪切。如果正确的镜头构图存在于视觉素材中，那么剪辑师就可以使这些画面更加生动，让观众身临其境。剪辑师可以以最简单的形式，从一个构图、声音完美的镜头开始剪辑，让所有的镜头呈现简单的、复杂的、运动的变化。例如，一个漂亮、平衡的镜头内容是一件展品，剪切到视频中，看起来更是无懈可击。镜头充分展开后，观众可以尽情欣赏，观看体验大大提升，每个人都可以最大体会到故事的内容。

另一个简单的技巧就是挑出两个基本构图合理的镜头将其逐步切入，两人对话就极好地表现了这一点。场景可以这样安排，画面开端是两人谈话的远景，人物 A 说话切入 A 的特写镜头：A 坐在画面左侧，画面穿过右边，观众就会推测，接下来会切入人物 B 的聆听镜头。实际上，确实切入了相匹配的人物 B 的特写镜头，B 坐在画面右侧，实现空间穿过画面左边。作为剪辑师，不可能亲自安排特写镜头的构图，但可以使用人物在画面的左右交替出现的方式吸引观众的兴趣，使他们的注意力一直聚集在故事情节的发展当中。随着一个特写镜头切入另一个特写镜头，观众经历了视线匹配或视线追踪。

（四）连贯

使转场保持平稳流畅、天衣无缝的连贯，是避免观众注意到剪辑的重要法宝。虽然剪辑师不需要为自己剪辑的镜头质量负责，但却有责任将镜头组合得尽善尽美。如果拍摄片段转场不够流畅，那么接下来就需要剪辑师来弥补这一缺憾。在剪辑过程中，要处理好团队和演员没有处理好转场的连贯性，有四种不同的连贯形式。

1. 内容的连贯

从一个镜头切入另一个镜头的时候，演员的动作必须连贯。由于拍摄时演员必须一次次地重复同样的动作，因此，对于场景的每一个镜头而言，演员将动作多做几遍会方便剪辑。但事情并非总是如此，内容的连贯需要注意，但是却很难搞定。举个例子，在中远镜头中一个男子用右手拿电话，当接下来镜头切入他接听电话的中特写时，电话依然在他的右手上。如果拍摄团队提供的镜头素材中，男子手持电话的特写镜头不是右手而是左手，那么就要在中远景之后，左手拿电话的中特写镜头前切入其他镜头。这样连贯的动作就会出现短暂的中断，观众也就不自觉地认为那个男人在离开屏幕的一段时间里拿电话从右手换到了左手。在这种情况下，切出就是一种可以恰到好处的分散注意力的方式，并填补空白的短小镜头，以调整事物的惯性逻辑，让观众弥补这一空缺。因此，除非镜头中已经包含了符合逻辑内容连贯性的所有剪辑素材，否则剪辑师必须使用一些方法来隐藏掩盖，或者解释视觉的不协调。剪辑师就像一个魔术师，控制着观众注意力的走向，以此来掩饰剪辑的小把戏。

2. 动作的连贯

屏幕的方向是指演员或物体向画面右侧或左侧的运动。从一个镜头切入下一个镜头时，如果下一个镜头中仍然出现演员或物体同样的动作，这时必须保持方向一致。拍摄时应遵循场景的银幕方向和180°规则。如果摄影师没有这么做，并且与接下来想使用的用来延续人物动作的镜头和已经建立的屏幕方向不符，这时需要插入一个逻辑镜头，用来继续影片的叙事并打破演员动作在视觉上的不连贯。这个符合叙事流程的插入镜头，为观众提供一个短暂的视觉休息，从而使片中的演员有时间在第三个镜头中改变方向以继续之前未完成的动作。

3. 位置的连贯

影片具有空间性的同时还必须具有空间感。位于画面内的演员或物体也在影片中占有各自的空间。剪辑师需要将演员或者与物体的位置连贯的多个镜头组合在一起。如果演员出现在画面的右侧，那么同一个场景，在接下来的任何一个镜头中该演员都必须出现在画面右侧的某个位置；出现在左侧也如此。两组不同的镜头，人物的位置应当始终不变。

4. 声音的连贯

声音和视角的连贯极为重要。如果场景动作发生在同一时间、同一地点，那么声音将从一个镜头延续到下一个镜头。例如一架飞机从天空中飞过，观众不仅能看到飞机还能听到飞机飞过的声音，接下来这架飞机的声音直接转场到下一个镜头。即使在下一个镜头中看不到飞机，片中人物也应听到飞机的声音，因此飞机声音也应当传达给观众。在任何空间中都有一个背景声音，根据故事的环境不同，背景音有的轻柔、有的低沉、有的高亢、有的响亮。这种无时不在的声音被称作环境音，或者氛围音。背景音一般用来打造一种持续配合人物对话以及其他重要音效的音频，背景音大多数由剪辑师剪辑获得或者声音制作人员设计生成。

三、常用的转场技巧

（一）切

切是所有剪辑方式中最常用的一种。切的定义为瞬间从一个镜头变化到另一个镜头。如果时机正确，同时伴随尽可能多的剪辑元素，观众不会意识到切。因为在观众的视角中切是透明的，因此观众逐渐将这种转场方式视为一种视觉存在。

好的"切"有以下六要素。

1. 信息

当前放映的镜头，即镜头一，已经为观众提供了所有可以提供的视听信息。剪辑师切入镜头二，从而为好奇心愈发强烈的观众提供新的信息。最理想的情况是，故事中的每个镜头都提供一些新的信息。例如，某地点的远景、定场、计算机屏幕特写、雨声或婴儿啼哭声等。

2. 动机

镜头一中的某些东西需要镜头二的出现来加以说明。仅仅是一种提供新信息的需求，可以是画面中的一个大的动作，也可以小到演员的一个眼神，甚至可以是影片空间内能够听到的声音是从屏幕外传来的。

随着剪辑师技术的娴熟，更加容易找到剪辑点。时间的流逝甚至也能成为切的动机因素。逝去的时间通常不会用秒或帧标记下来，但却呈现为一种被称为节奏的、以"直觉"衡量的时间单位。切的时机既可以根据这种未知或已知的节拍，又可以根据自己的感觉，当机立断切入下一个镜头。

3. 镜头构图

如果知道当前镜头，即镜头一如何结束，那么就该知道在屏幕上的这些画面构图会对观众产生什么效果。好的剪辑会让镜头二既有趣又在构图上有别于镜头一。如果瞬时剪切的这两个镜头在构图上过于相似，即使是讲述完全不同的话题，在观众看来也不过是一次"跳切"。

在剪辑点利用镜头构图的不同会立刻让观众的眼睛和大脑搜索新镜头，只要不被新镜头中过于繁杂的构图扰乱，观众就会完全沉浸于第一个镜头所展现的视觉元素，而不会注意到实际存在的剪切。

4. 摄影机角度

每个切入的连续镜头，摄影机角度都应和上一个镜头不同。一个人交谈的侧面中远镜头，后面应立即切入一个沿180°弧线上某个角度拍摄的单人镜头或过肩镜头。从相同的角度插入紧凑的中景双人镜头绝不是一个好的选择，这种做法有时称为切入镜头或轴线剪辑。同一场景中新切入的镜头也要考虑焦距变化（远景、中景和近景镜头），摄影机的角度变化是最出效果的。

5. 连贯

在两个要剪在一起的镜头中，连续的移动或动作应最显而易见且最大限度地匹配。由于剪切是瞬间完成的，因此，在剪辑点交叉时必须保持画面的流动性。否则，观众很容易察觉并排斥剪切前后动作的不连贯（图5-4、图5-5）。

6. 声音

理想状态下，在剪辑点交叉时，镜头应存在某种声音连贯或声音推进。

如果镜头从同一场景和地点开始剪切，那么上一个镜头中的环境声音也应该如影随形，音量应和画面透视关系的视角保持一致。如果从一个地点或时间切入另外地点或时间，就应该马上在声音类型和音量上有所体现，这种剪切方式有时称为动态剪辑。

最理想的"切"应该包括以上的六种要素，但这些仅仅是理论层面，实际应用中不可能面面俱到。剪辑师的目标就是在剪辑过程中关注镜头中的这些元素，训练自己的眼睛和耳朵，从而发现这些元素并加以利用。切的工作一般在开始顺片的时候，精调后，人们是不会看出剪切的痕迹的。如果效果好的话，直切是一种广为接受的方式；但如果效果不好，就需要使用跳切来分散观众注意力。因此要不断提高直切的剪辑技术，不要过度纠结于剪切的语法，这样可以少走很多弯路。

（二）叠化

叠化是第二种常用的转场类型。和直切不同，叠化有意聚焦观众视线，实现叠化的传统方式是通过一段时间内两组镜头的重叠，同时分别向下和向上移动来实现。随着第一个镜头叠化开始，下一个镜头同时出现在屏幕上，于是两组画面重叠在一起。叠化又被称叠加叠化、叠加等。

1. 叠化的场合

（1）时间变化。

（2）地点变化。

（3）时间需要延缓或者加速。

（4）故事中出现情绪感染。

（5）切出和切入画面之间存在强烈的视觉关联。

2. 好叠化六要素

当剪辑点涉及以下要素越多时，叠化的效果就越好。

（1）信息。和直切一样，新镜头中应包含新的信息供观众消化吸收。无论叠化压缩为一个很长的连续事件的时间，还是改变时间、地点，或是通过匹配的画面将不同的概念整合在一起，叠化的第一个镜头都应为观众和影片叙事者提供一些新的信息。

（2）动机。与所有的转场方式一样，使用叠化的前提是有一个确切的动机事件或叙事需要。

（3）构图。叠化的两个画面应避免各自的视觉焦点在重叠时发生视觉冲突。在剪辑时，一是以两个画面视觉焦点的左右对称或上下对称为相叠的两个画面构图依据，从而将两个不同的画面组合成一个统一、瞬时且平衡良好的叠化画面；二是以两个画面视觉焦点的统一为构图依据，这样两个镜头画面的构图非常相似，只是画面主体不同。例如，从某个人物的眼部以超大特写叠化进入满月特写。观众看到叠化画面时，会发现这两个被拍摄对象在构图上和形状上都很匹配。

（4）摄影机角度。如果不是压缩一个自始至终从一个角度拍摄的、较长的连续事件，就应该尝试在呈现不同摄影角度的两个镜头间使用叠化。然而，有很多原因造成叠化的使用并非一帆风顺。例如，在某个场景中，一个人在公寓里徘徊等电话。这个镜头是由同一个摄影机拍摄完成的。该场景在时间上从下午延续到傍晚，期间照明不断变化。为了压缩时间，剪辑师从相同的、不变的摄影机角度叠化了部分镜头，但观众看到的是人物在流动的时间里徘徊。

（5）声音。通常在交叉淡入淡出中，人们会混合叠化的两个镜头的声道。随着镜头一画面的逐渐淡出，以及镜头二画面的淡入，镜头一的声音逐渐淡出（声音变小），而同时镜头二的声音逐渐淡入（声音变大）。

（6）时间。体现叠化效果的一个重要因素是时间的延续，或者说叠化在屏幕上停留的时间。在计算机视频剪辑软件包中，一秒钟通常为叠化的默认时长。但实际操作中,只要转场时各镜头中还有视觉素材,叠化就可以一直持续下去。当然,通常叠化的时长应根据影片的实际需要进行调整。如果对几个重叠画面快速叠化,会发现尽管不如直切那么快,但由于眼速过快,在满足各种剪辑因素的情况下,这种叠化的效果很像跳切。延续时间较长的叠化可以在屏幕上停留数秒,在持续期的中间点看起来像两个镜头的叠印,而不是叠化。

(三)划变

划变是指新镜头蜿蜒前进、螺旋上升,沿着对角线、水平或垂直移动划过屏幕,取代上一个镜头,是介于剪切和叠化之间的一种剪辑方法。和叠化一样,划变具有一定的时长,但往往很快。划变在屏幕上一次可以同时出现两个镜头,但通常镜头之间无叠印。划变形状独特、色彩艳丽或者同其他元素同时出现,其设计的初衷就是吸引观众的注意力。

1. 划变的场合

(1)时间变化。

(2)地点变化。

(3)切入和切出的画面之间没有过多的视觉联系。

(4)项目在转场处需要更多的画面处理。

2. 好划变六要素

划变可以起到一种填充的作用,或者说是一种连接两个分开的、不容易连在一起的镜头片段的方式。在20世纪30年代的好莱坞经典影片中,它们可谓一种新颖独特、更具视觉愉悦感的镜头切入方式。划变逐渐取代了较为平淡的叠化,更具打动观众的活力。在当今的电影市场上,划变表现为多种形式并适用于所有影视题材。

(1)信息。画面上划变的镜头可为观众提供新的信息。

（2）动机。想离开某个场景或某个片段都可能成为剪辑师使用划变效果的动机。有时，如果不知道怎么在银幕上从一个地点、时间或一个话题转移到另一个上，就可以在转场的空当使用富有创造力的划变来"娱乐"观众，从而将他们带到一个全新的时间、地点或话题中。作为剪辑转场的语法中较长的部分，划变是画面转移时空的一种比较炫的方式。

（3）镜头构图。由于划变元素的风格或形状通常都有比较有趣的构图，因此划变前后衔接的镜头画面不需要任何特殊的视觉关联。只要规划合理，聪明的导演也许能想象出镜头构图中有大幅度的垂直水平移动。而聪明的剪辑师则将这些视觉元素转变为所谓的自然划变，切出画面中的物体看起来是被推、拉或在一定程度上划过银幕，从而顺理成章地切入或划入下一个镜头。

（4）摄影机角度。正如划变的镜头构图类型的自由度很大，摄影机角度也没有可循的固定法则。划变就是将上一个镜头划干净，然后引出新的镜头（影机角度与本话题无关，剪辑师可以自由地、创造性地发掘）。

（5）声音。根据选择使用划变的类型和风格，声音可当作转场的一次直切或叠化处理，声音放在划变镜头之前或之后均可。剪辑师在划变的过程中对声音的处理有很大的自由度，根据节目的剪辑类型，通常情况下划变还会有自身独有的声音效果，例如"嗖嗖"的声音。

（6）时间。正如叠化是穿越时间的，划变也要有自身持续的时间。当剪辑片段的进度推动故事情节的发展时，快速划变可将镜头迅速切入下一个镜头。如果剪辑画面需要进度较慢的、在屏幕上停留时间较长的划变，划变也可延续数秒。尽管对观众而言略显冗长，但速度快和趣味性强通常是划变应遵循的首要原则。

（四）淡入淡出

电影或电视节目中的镜头通常以淡入淡出开始或结束。在剧本中，剧本首行和末行分别以淡入和淡出进行处理。淡入时，首先出现黑色的屏幕，接下来黑色逐渐淡去，屏幕上出现清晰的画面，代表故事开始。淡出时，节目结束的画面渐渐消隐成不透明的照屏，代表故事已经结束。淡入淡出可以选择使用任何颜色，但通常是黑色，偶尔使用白色。

1. 淡入用于以下情形

（1）节目开头。

（2）章、场景、片段或幕的开头。

（3）时间变化之处。

（4）地点变化之处。

2. 淡出用于以下情形

（1）节目结尾。

（2）章、场景、片段或幕的结尾。

（3）时间变化之处。

（4）地点变化之处。

3. 淡入淡出四要素

淡入淡出一直是视听语言的一部分，是剪辑师处理影片开始或结束的标准工具。借助淡入淡出的转场，观众可自由地出入梦境般的电影世界。

（1）动机。镜头一开始就可以使用淡入，而一个片段或剧幕结束时就可以使用淡出，这些足够成为淡入淡出使用的动机。

（2）镜头构图。如果用低反差的影像作为一个镜头的开始或结束（或同时），对完成一次干净的淡入淡出是非常有帮助的。就构图而言，没人希望看到画面上出现大面积的深色或浅色，因为随着画面逐渐变得不透明或变黑，画面上深色区和浅色区之间的差别将会导致明亮度的不平衡，就会使淡入淡出看起来不均匀，或者时间把握不佳。

（3）声音。通常情况下，随着淡入时画面亮度增加，音量也随之升高；而随着结束时画面变黑或淡出，音量也会逐渐降低。一个镜头的淡出持续为黑屏，那么在下一个镜头淡入前就应提高该镜头的音量，这样的转场就是"声音导前"的例子。

（4）时间。淡入淡出和叠化/划变一样，需要适当的时间。根据影片的不同，时长从半秒到几秒不等。一般情况下能感觉到多久合适，因为眼睛盯着黑屏过久，期间还没有任何声音的新信息，人会觉得无所适从。这时应相信直觉并感受适当的"节奏"。

第三节　蒙太奇语言

一、蒙太奇概述

（一）蒙太奇定义

蒙太奇是由法语音译而来，原为建筑学用语，意为构成、装配。它主要是指导演根据一部影片的主题思想，拍摄许多不同类型的镜头，然后把这些不同的镜头有机地组织剪辑在一起，使之产生连贯、对比等联系和快慢不同的节奏，从而表现出崭新的情节内容和艺术效果，这样的组合方式和构成手段就是蒙太奇。

（二）蒙太奇的作用

蒙太奇的作用有以下四点：

（1）使影片具有高度集中的概括能力。

（2）使影片取得极大的自由。

（3）使影片可以自由交替使用叙述角度。

（4）使影片可以通过镜头更迭运动的节奏。

二、蒙太奇分类叙事

（一）平行蒙太奇

这种蒙太奇常以不同时空（或同时异地）发生的两条或两条以上的情节线并列表现，分别叙述而统一在一个完整的结构之中。格里菲斯、希区柯克都是极善于运用这种蒙太奇的大师。平行蒙太奇应用广泛，首先因为它能处理剧情，可以删除过程以利于概括集中、节省篇幅、扩大影片的信息量，并加强影片的节奏；其次，由于这种手法是几条线索平列表现，相互烘托，形成对比，易于产生强烈的艺术感染效果。如影片《南征北战》中，导演用平行蒙太奇表现敌我双方抢占摩天岭的场面，造成了扣人心弦的节奏。

（二）交叉蒙太奇

交叉蒙太奇又称交替蒙太奇，它将同一时间不同地域发生的两条或数条情节线迅速而频繁地交替剪接在一起，其中一条线索的发展往往影响另一线索，各条线索相互依存，最后汇合在一起。这种剪辑技巧极易引起悬念，造成紧张激烈的气氛，加强矛盾冲突的尖锐性，是掌握观众情绪的有力手法。惊悚片、恐怖片和战争片常用此法造成追逐和惊险的场面。

（三）颠倒蒙太奇

颠倒蒙太奇是一种打乱结构的蒙太奇方式，先展现故事的现在状态，然后再回去介绍故事的始末，表现为事件概念上过去与现在的重新组合。它常借助叠印、划变、画外音、旁白等转入倒叙。运用颠倒式蒙太奇，打乱的是事件顺序，但时空关系仍需交代清楚，叙事仍应符合逻辑关系，事件的回顾和推理都以这种方式结构进行。

（四）连续蒙太奇

连续蒙太奇不像平行蒙太奇或交叉蒙太奇那样多线索地发展，而是沿着一条单一的情节线索和事件的逻辑顺序，有节奏地连续叙事。这种叙事自然流畅，朴实平顺，但由于缺乏时空与场面的变换，无法直接展示同时发生的情节，难于突出各条情节线之间的对列关系，不利于概括，易有拖沓冗长，有平铺直叙之感。因此，在一部影片中很少单独使用，多与平行、交叉蒙太奇交混使用，相辅相成。

（五）抒情蒙太奇

抒情蒙太奇是指在保证叙事和描写连贯性的同时，表现出超越剧情之上的思想和情感。让·米特里指出："它的本意既是叙述故事，也是绘声绘色的渲染，并且更偏重于后者。"意义重大的事件被分解成一系列近景或特写，从不同的侧面和角度捕捉事物的本质含义，渲染事物的特征。最常见、最易被观众感受到的是抒情蒙太奇，往往会在一段叙事场面之后，恰当地切入象征情绪情感的空镜头。如苏联影片《乡村女教师》中，瓦尔瓦拉和马尔蒂诺夫相爱了，马尔蒂诺夫试探地问她是否永远等待他，她一往情深地答道："永远！"紧接着画面中切入两个盛开的花枝的镜头。它与剧情本无直接关系，但却恰当地抒发了作者与人物的情感。

（六）表现蒙太奇

表现蒙太奇是以镜头对列为基础，通过相连镜头在形式或内容上相互对照、冲击，从而产生单个镜头本身所不具有的丰富含义，以表达某种情绪或思想。其目的在于激发观众的联想，启迪观众的思考。

（七）隐喻蒙太奇

通过镜头或场面的对列进行类比，含蓄而形象地表达创作者的某种寓意。这种手法往往将不同事物之间某种相似的特征凸显出来，以引起观众的联想，从而能够领会导演的寓意和领略事件的情绪色彩。如普多夫金在《母亲》一片中将工人示威游行的镜头与春天冰河水解冻的镜头组接在一起，用以比喻革命运动势不可挡。隐喻蒙太奇将巨大的概括力和极度简洁的表现手法相结合，往往具有强烈的情绪感染力。不过，运用这种手法应当谨慎，隐喻与叙述应有机结合，避免生硬牵强。

（八）对比蒙太奇

对比蒙太奇类似文学中的对比描写，即通过镜头或场面之间在内容（如贫与富、苦与乐、生与死，高尚与卑下，胜利与失败等）或形式（如景别大小、色彩冷暖、声音强弱、动静等）的强烈对比，产生相互冲突的作用，以表达创作者的某种寓意或强化所表现的内容和思想。

（九）心理蒙太奇

心理蒙太奇是人物心理描写的重要手段，它通过画面镜头组接与声画有机结合，形象生动地展示人物的内心世界，常用于表现人物的梦境、回忆、闪念、幻觉、遐想、思索等精神活动。这种蒙太奇在剪接技巧上多用交叉、穿插等手法，其特点是画面和声音形象的片断性、叙述的不连贯性和节奏的跳跃性，声画形象带有剧中人强烈的主观性。

第四节　视频广告调色

一、白平衡

白平衡，字面上的意思是白色的平衡。白平衡是描述红、绿、蓝三基色混合生成后白色精确度的一项指标，白平衡可以解决色彩还原和色调处理的一系列问题。白平衡的作用就是还原画面最真实的颜色，比如在日光灯的房间里拍摄的影像会显得发绿，在室内钨丝灯光下拍摄出来的景物就会偏黄，而在日光阴影处拍摄到的照片则莫名其妙地偏蓝，其原因就在于白平衡的设置上。

二、曝光度

曝光度是指在摄影过程中进入镜头照射在感光元件上的光量，由光圈、快门、感光度的组合来控制，决定了图像的亮暗程度。由于前期拍摄的种种不确定因素导致曝光不够精准，可以通过后期适当调整。

三、对比度

对比度指的是一幅图像中明暗区域最亮的白和最暗的黑之间不同亮度层级的测量，差异范围越大代表对比越大，差异范围越小代表对比越小。

四、曲线

曲线的横坐标是原来的亮度，纵坐标是调整后的亮度。在未作调整时，曲线是直线形的，而且是45°，曲线上任何一点的横坐标和纵坐标都相等，这意味着调整前的亮度和调整后的亮度一样。如果把曲线上的一点往上拉，它的纵坐标就大于横坐标了，这就是说，调整后的亮度大于调整前的亮度，也就是亮度增加了。

五、HSL

HSL色彩模式是一种颜色标准，是通过对色相（H）、饱和度（S）、明度（L）三个颜色通道的变化以及它们相互之间的叠加来得到各式各样的颜色。HSL代表色相、饱和度、明度三个通道的颜色，这个标准几乎包括了人类视力所能感知的所有颜色，是目前运用最广的颜色系统之一。

六、色调分离

色调分离功能主要分为三部分，第一部分是高光的色相与饱和度，第二部分是阴影的色相与饱和度，第三部分是位于高光和阴影之间的平衡调节。

无论是调节高光还是阴影，参数调节的效果就是直接给像素进行着色。在色调分离中，像素的明度信息是不变的，只去调节所对应的高光和阴影部分的色相和饱和度，这有点类似着色的功能。

七、锐化与模糊

锐化是补偿图像的轮廓,增强图像的边缘及灰度跳变的部分,使图像变得清晰,锐化分为空域处理和频域处理两类。图像锐化是为了突出图像上地物的边缘、轮廓,或某些线性目标要素的特征。这种滤波方法提高了地物边缘与周围像元之间的反差,因此也被称为边缘增强,模糊是用来降低锐化程度的。

八、镜头校正

使用镜头广角端拍摄可能会给画面四周带来严重的暗角和畸变,因此镜头校正就是必要的。暗角和畸变是镜头的一种光学瑕疵,镜头中心部分通常是光学表现最好的部分,而边缘则可能出现暗角或者诸如桶状畸变一类的其他瑕疵。在镜头校正滤镜的帮助下,能更好地对其加以控制。

第六章

视频广告推广

第一节　视频广告的推广目标

一、引起关注

（一）推广目标

视频广告的首要推广目的就是吸引消费者关注，在此基础上，他们才可能进一步了解品牌或产品。引起关注的消费者规模大小是检验视频广告能否成功的核心指标，同时也是相关营销策划或品牌推广等目标能否实现的前提。

相较于传统广告，视频广告更容易吸引消费者，特别是运用于导入期的品牌上。导入期是企业刚刚引入品牌经营理念的阶段，目标消费者对于新品牌缺乏认知，因此对于是否选择非常谨慎。这个时候品牌广告的最大目标是让品牌进入消费者的视野中，即引起关注。

（二）消费者需求

可以从两个角度分析引起消费者关注的某些需求。

其一是从内容角度入手，通过营造话题吸引消费者，运用话题的"病毒性"进行广告宣传。在一个视频广告推出前，我们要做的是制造相关话题，在不同的媒介平台进行发布。利用公众的积极性和人际网络，让话题像病毒一样传播扩散。一个话题传播给一些人后，迅速被复制传播给他们各自的亲密网络，然后便像病毒一样传播给数以万计的消费者。这样一来我们制造的话题能够引起大规模讨论，引发关注，从而起到宣传的作用。

其二是从媒介特性角度入手，找到性质相符的媒介，利用媒介裂变性。例如微博就属于裂变性传播媒介，相当于一传十十传百的通道，建立起一个网络互动链，将有效信息投入到这些平台上，通过知名博主或转发评论进行传播，借此引起关注。

（三）推广重点

在这里我们的侧重点在于选择哪些方式进行广告投放。选择哪个媒介平台、通过哪些文案、标语或者关键字，引起消费者关注，为后续传播进行铺垫。首先也是最重要的是视频内容。想要让目标消费者热情参与，必须生产出足够有吸引力的视频内容。目标消费者受商家的信息刺激，自愿参与到后续的传播过程中，才会达到企业想要的目的。其次，选择合适的媒介也是重点。根据当时需要推广的广告内容选取时下流行受大众热捧的媒介进行投放，选择正确的平台进行投放是取胜的关键点。最后，一个文章要想吸引读者关注，它的作品名称或是大标题一定会在某种程度受一部分读者的喜爱或是对此有兴趣，那么视频广告也是如此。我们先忽略它的广告内容，在宣传过程中无论是海报还是文案都需要一定的感染力，才能取得关注。

（四）案例分析

引起关注最显著的案例当属脑白金广告。说起脑白金，三岁孩童都能唱出来品牌的 slogan："今年过节不收礼，收礼只收脑白金。"脑白金作为一款保健产品，看中人们对于健康的重视以及中华民族礼尚往来的传统，以中国目标消费群体为主线，眼光瞄准整个中国大市场。其卡通老年人的形象、语言以及他们手里的脑白金产品，直白地告诉观众"送礼就送脑白金"，从而起到了较好的宣传作用。用两个 Q 版化的老年人作为广告主角，以草裙舞、泰舞、芭蕾舞、流行舞等诸多形态登场，营造时尚与年轻的气氛，强调产品年轻态，打出感情牌，体现子女孝心，宣扬健康观和亲情观。

　　凭借广告每天的滚动播出，不断强化产品印象，有效达到引起消费者关注的目的。广大中老年人有更多的机会接触电视，接受产品信息。脑白金电视广告分为三种版本。一为专题片；二为功效片；三为送礼片。三种版本广告互相补充，组合播放，形成了铺天盖地、狂轰滥炸的态势，产生了不同凡响的传播力度。虽然缺乏创意点，但凭借其洗脑播放，容易形成记忆点，达到印象深刻的效果。

　　一句浅显直白的广告语，经过无数次的反复洗脑受众，形成了一种奇特的"脑白金现象"，引得众品牌纷纷效仿。人们虽然对这一现象褒贬不一，但有一点是无法反驳的：从商业角度看，脑白金成功引起关注，赢得市场，创造了销售的奇迹。从这一层面而言，其广告是成功的。

二、引发兴趣

（一）阐述目标

　　在依靠互联网进行视频广告投放的时代，各种粗制滥造的硬广告已经很难引起消费者兴趣，消费者对于一般的广告有了疲惫感，但软植入广告的转化效果明显会好得多。例如植入式广告、原生广告等，以融入用户的观看体验为主。在这一方面，应该依靠一个成熟的内容运营团队，通过强有力的内容，去输出企业的价值和产品。

　　抖音、快手等短视频平台的内容很有借鉴意义。他们通过新鲜有创意的短视频内容吸引观众观看，将广告融入视频内容中，让观众不由自主地产生"这个商品真的很有意思"的感觉，逐渐产生购买欲望。例如抖音博主"小王同学a"在抖音平台分享与男朋友的日常生活，粉丝们经常被他们俩人的趣味互动"甜"到，有时两个人吵架录一期视频，粉丝们也想从中了解情侣吵架的解决方法。小王同学的男朋友就会拿出一盒完美日记（有可能是其他品牌）的口红来哄她开心。这种方法极大地影响了观看他们短视频的观众，在他们与另一半产生分歧时，也会想"我是不是也可以像视频中的男生一样购买某种商品来让女朋友消气？"创意的互动性能让观众产生参与的兴趣，而兴趣又是引发欲望、进行购买、人人分享的前提条件。这种方式对于导入型企业打开市场十分有用。

（二）消费者需求

对于视频广告，通过诉求引起消费者反应是至关重要的。引发兴趣，就应该投其所好，明确消费群体定位。明确目标群体的兴趣爱好等个性特征，是引起消费者兴趣的前提。例如应当明确消费群体的审美趋向、年龄层次、消费能力等，然后选择合适的媒介与"能引起目标消费者兴趣"的 KOL 来进行广告投放。

明确目标消费群体后，还应当按照产品属性进行媒介选择。首先，人们生活必需品的视频广告在很大程度上只要轻微一提，消费者自然会根据自身的选择进行购买，这一类就是不太需要反复推广的广告。其次是一些高档物品，或是在生活中起到装饰点缀作用的一些消费品，自然在广告投放上要多花些心思，而且人们对于这些产品的心思和兴趣也是各不同。这么一来我们就要对人们的兴趣划分类别，面对不同的消费者，投放不同类型的视频广告，才可能有所收益。

（三）推广重点

1. 选择合适的媒介终端

合适的媒介在视频广告推广中实际上就是一个销售终端。该媒介对消费者有一定的影响力，这需要形象、口碑好，对消费者有一定的信任度。在当下的媒介环境中，微博是一个可以很好运用的平台，大家经常使用微博浏览讯息和关注时下潮流。那么我们就可以借助这个平台进行裂变式推广，具体方法是在微博上建立一个专项账号，将指定视频发布到平台上，由于视频的推广可以是系列的，因此可以围绕一个主题进行拓展。此外，还可以根据推荐页面不同时期划分内容、层次、角度，围绕主要推广的视频广告进行宣传，这样可以通过视觉上的重复性来使受众引发兴趣，产生好奇。

2. 适当弱化广告宣传

对于消费者来讲，广告在生活中无孔不入，所以消费者对广告基本处于一种自动屏蔽状态。以往的灌输性广告很难达到预期效果，这就要求视频广告在进行广告信息设计时要注意信息的隐蔽性。

3. 强化与品牌的关联度

为了提起消费者兴趣，达到流量最大化，视频广告过于注重消费者的选择性接收、选择性记忆等，而一定程度上忽略其品牌信息与广告之间的关联性，导致广告内容与品牌宣传脱节，消费者只记住了广告新颖点，而忽视了对产品的关注。

4. 尽量避免商业倾向与恶俗倾向

流量、点击率、浏览量、转发量不应该成为衡量某个视频广告传播效果的唯一标准，除此之外还应注重广告品质质量、广告引导的价值取向等。随着国家对网络和传播环境的重视，商家也要更多地肩负起保持网络环境清洁的责任，因为恶俗倾向的广告不仅会损害品牌美誉度，还会对社会风气产生消极影响。因此，在制作视频广告时要注意避免恶俗倾向，在传播效果和提升品牌美誉度之间达到较好的平衡。

5. 多方位流动宣传营销

流动宣传营销包括媒介平台、线下场地选取、销售终端等目标群体聚集区域的宣传，其核心战术是抓住可乘之机（如节假日），针对目标消费者的周围区域，以宣传为主，充分展示企业或产品的品牌形象。此种宣传营销要多方位围绕一个"点（重点终端）"展开，不要厚此薄彼，更不能只做终端。我们可以在微信朋友圈、微博或者在线下搜集数据进行整合，而主要宣传营销的手段可以围绕在线访问、解释品牌或产品详情、答疑解惑等进行互补推广。

（四）案例分析

"社恐视频"——陌陌社交软件

把目光聚焦到当代的社恐症群体，用十个戏剧化的场景，还原出社恐的日常。从画面呈现到金句输出，都显得别具一格。搞笑、悬疑、出乎意料的沙雕元素一一穿插其间，制造出视频可看性的同时，也更加符合产品的调性及移动互联网的传播语境。无论是高空攀爬躲团建，还是巷弄历险逃离自来熟，归根结底汇聚到一个主题：社交应该更轻松。在张弛有度的表达之外，用洞察赢得了群体共鸣，引起了人们兴趣。

金句式的文案也是其亮点之一，像"不是你不合群，是群不合你"就是一句极有流行潜质的金句。金句并非只靠文字精练便可写成，它往往是消费者特别想说但未说的话，所以文案必须站在用户一侧，以极强的同理心去探求消费者内心深处的想法，并代替他们表达。

在引发兴趣这一部分，应当准确把握目标消费者的需求，从他们的兴趣点出发。陌陌本身就是一个社交软件，希望消费者能够下载并在其平台上进行交友。把握住当代年轻人习惯于独来独往不愿与人交流的心态，对症下药，引起消费者兴趣，从而为后续进行铺垫。

三、主动搜索

（一）阐述目标

目标消费者在对产品产生兴趣后，就会进入主动搜索的阶段。他们通过线上或线下渠道收集产品的相关信息，对产品进行多方面了解，寻找自己感兴趣的产品点。

在这个阶段，企业应当积极引导。消费者产生兴趣，但对产品或品牌还未产生下一步动向，这时企业就应当进行适当的议程设置。比如选择目标消费者所关注的 KOL 进行引导、固定圈层进行广告投放强化信息、设置有规划有步骤的媒介事件。消费者在这一过程中可能会产生以下几种反应：长期被品牌信息环绕，不断加深对该品牌的印象，进而进行搜索；受到自己信任的某一领域 KOL 推荐，进行主动搜索；对某媒介事件产生好奇，进行主动搜索。企业积极引导消费者搜索之后，也要做好搜索引擎优化，保证自己的品牌词和产品词没有负面舆论。同时引导消费者进一步了解产品特性，影响用户的购买决策。

（二）消费需求

网络时代的出现，让消费者从被动走向了主动。我们不能再像以前那样把"做市场"看成是"做宣传""做广告"。我们随便走进一个大学校园，就会发现要遇到一个不会上网的大学生几乎是一个奇迹。随便走进一个年轻化的城市家庭，你会发现他们不再将非工作时间全部用于电视台推送的某个电视剧或者读书看报，更多的是在网络上去获取信息。他们会主动搜索自己感兴趣的信息来打发时间，而他们所搜索的关键词或信息恰好是那些能吸引他们注意力，并且是他们所感兴趣的东西。那么我们就可以通过前两个目标点进行整合推广，达到可以让消费者主动搜索的目的。网络媒体与以电视为代表的传统媒体相比，最大的不同不是对于企业而言的成本降低，或者传播形式创新，广告方式丰富，而是需求市场的满足。

通过主动搜索，消费者想要达到了解产品、满足好奇的目的，比如通过某一广告，消费者对产品产生了兴趣，从而进行主动搜索，搜索后，消费者对产品了解更多，对于之前好奇的点也得到了满足。如果某种产品已经在所处环境中流传，消费者还能通过这种方法使得自己在群体中表现的自如自在。

（三）推广重点

在这一层级，推广重点在于如何满足消费者需求。对消费者而言，网络相较电视为代表的传统媒体，最大的不同是，以往消费者只能被动接受，而现在他们可以主动选择、屏蔽，甚至创造自身喜欢的信息。不要以为在流量很高的网站上购买了一个广告位就能得到大家的关注。我们不是在看电视，消费者会下意识地用自己的眼光"巧妙地"跳过广告，网络不像电视，除非切换平台，否则只能看他表演。所以，如果企业想在网络上做营销，说什么、怎么说、具体在哪里说，比单纯的说与不说要重要得多。所以这时候想要观众主动搜索视频广告，我们在内容上就要多花心思，首先要区别于一般俗套乏味的宣传内容，做出一款脱颖而出的产品广告。

除此之外，选择合适的KOL也是重中之重。他们拥有更多、更准确的产品信息，且在相关消费者群体中拥有较高权威性。他们不同于明星代言、专家推荐，是更加贴近于相关受众群体的人。选择合适的KOL，相当于把握住了所有与其相关的消费者群体，能够更精准地挖掘商业转换机会。

（四）案例分析

近年来，直播热火朝天，一批直播带货的KOL跃入人们的视线，其中最火的当属"口红一哥"李佳琦。"所有女生，买它！"李佳琦的声音对于粉丝来说，似乎带着不可抗拒的魔力。2019年"双十一"预售，5个多小时的直播，39款商品，几乎都是手慢则无。据统计，李嘉琪直播间当日卖出41万套小棕瓶眼霜，首日预售总数为47万套，这意味着李佳琦一人扛下了小棕瓶87%的销量。

这样的情形已经不止一次出现了。2020年"双十一"预售，李佳琦连播近八小时，观看量达1.6亿人次，淘宝直播定金锁定GMV 33.27亿元。观看李佳琦直播的女性年龄从18~55岁，他凭借自己多年的销售及推荐经验获得了诸多追捧。他推荐过的产品只要在淘宝页面显示"李佳琦直播间推荐"，都会引来销量增长。

四、形成购买

（一）阐述目标

购买这一动作，是从大脑中枢神经传达到心理，产生购买欲望从而形成肢体表面上的行动。我们需要分析消费者的购买心理来阐述如何形成购买。消费者购买行为也称消费者行为，是消费者围绕购买生活资料所发生的一切与消费相关的个人行为。包括从需求动机的形成到购买行为的发生，直至购后感受总结这一购买或消费过程中所展示的心理活动、生理活动及其他实质活动。

消费者在收集了足够的信息之后，如果对产品较为满意就会形成购买。网络购物的便捷性了降低消费者购买的决策门槛。一个品牌在成熟期已经形成了一定的品牌效应和影响力，只需要持续形成购买即可。

（二）需求分类

人们采取行动，往往都带有一定的目的性。这种目的性可能是满足现实需求，也可能是满足心理需求。在形成购买前，消费者已经对产品进行了主动搜索，对产品已经有了较高的认知。此时促成购买的原因可能有以下几点：第一，有需求。消费者对该类产品本来就有需求，恰好遇到该商品上架。这样的情况与广告并无明显相关性，并非因为广告作用才产生购买行为，在此不做详述。第二，明星代言。消费者对于该类商品无强烈需求，只因自己喜欢的明星代言该产品，作为粉丝进行支持，产生购买行为。或看中明星效应，认为其代言的产品更具说服力，因此进行购买。第三，利益驱使。消费者对于该类商品几乎无需求，但受到利益驱使，比如各种各样力度较大的折扣、满减、买送活动等，从而形成购买。

（三）推广重点

在该阶段,推广重点应当在于选择合适的明星代言和高转化率的优惠活动。

选择合适的明星代言能够顺应部分消费者爱屋及乌的心理。他们喜欢某位明星，对该明星代言的产品也有着天然的喜欢。因此，选择一位粉丝较多、重量级的明星能够带来较好的收益。此外，选择与产品关联度较高的明星做代言，还能够产生效果暗示。明星对于普通消费者具有很大的影响力，人们经常在各个方面对明星进行效仿。仿佛使用了该产品就能够变得像广告中的明星一样——这种潜移默化的暗示具有较强的感染力和说服力，能够促进产品的销售。

人们对于自己喜欢和钦慕的人或事经常会表现出强烈的赞同和追随，用两个重要因素来解释：相似（similar）、称赞（compliment）。人们更乐于接触与自身相似或者自己努力追随的人，所以选择一则视频广告的品牌代言人时一定要慎重，不仅要赋予产品形象，而且更重要的是满足消费者心理的需要。某个品牌的女性香水广告，从广告的宣传内容隐约传递给消费者这样的信息，如果你使用我们的香水，你就会脱离家庭妇女的形象，受到万人瞩目，展现迷人光彩。这就是间接地将产品和对消费者的称赞结合在一起，唤起消费者的购买欲。以上就是通过激发消费者的内心欲望，满足其虚荣心，勾起其购买欲望的具体实践。

高转化率的优惠活动也是重要的推广点。消费者普遍具有价格敏感属性，当看到某品牌或平台具有颇具吸引力的折扣时，便会迅速加入其中进行购买。近年来国内"双十一"已经成为"购物狂欢节"，就是因为其具有完善的优惠体系，新鲜有趣的优惠玩法和具有诱惑力的优惠力度。

（四）案例分析

在朋友圈中一位好友让你扫描二维码关注某公众号，或在大街上遇到只需关注几个公众号即可免费打印照片的机器，我们每个人都会主动或被动地参与过此类营销活动，虽然对于个人来讲影响不大，但对于企业来说价值却很大。

近年来，最引人关注的形成购买的模式当数拼多多的营销模式。拼多多平台多次发起转发"请好友砍一刀""请好友点赞赚现金"等活动。用户进入拼多多页面，参与活动即可获得近100元现金。紧接着，它要求用户向好友转发，每多一个好友转发就能更接近100元，拉到新用户能得到更大的优惠。因此用户就会不断地向自己的圈子转发，使得更多人参与进来，其他人继续转发……通过这样的方式进入用户视线，不断地扩大其知名度。此外，用户通过发起拼团，以更低的价格团购商品，让更多人参与进来，提高了用户忠诚度。通过这种方式，拼多多用户数量呈几何倍数增长，而花费的成本却微乎其微。

拼多多式营销方式也可以借鉴于视频广告的推广之中，对于提高转换率有启示一定的作用。

五、人人分享

（一）阐述目标

人人分享是购买结束后的一个后续环节。互联网使得分享变成了一件极为简单又有成就感的事。用户向身边人推荐产品，形成口碑效应，会比任何广告效果都好。分享是一种社会性行为，是社会性动物满足心理需求的外在表现，人们也会形成一个主观意识而向他人分享。

这一点对于处在成熟期及衰退期的品牌具有极高的价值。成熟期的品牌需要不断地通过消费者分享来巩固自身的品牌调性，形成更好的口碑；而衰退期的品牌需要有消费者"承认"他们大刀阔斧的改革卓有成效，从而达到起死回生的目的。

（二）需求分类

根据使用与满足理论，消费者的媒介接触活动是有特定需求和动机并得到"满足"的过程。在完成了购买之后，人们希望通过分享来满足自己的暴露欲、炫耀欲以及巩固自我标签属性。消费者对好友的扩散分享行为，能为他们带来点赞量和浏览量，在一定程度上满足人们内心的炫耀欲。

现如今，任何一个主体都具有自己的"人设"。这是各个主体最想要展示给他人的一面。为了巩固这样的"人设"，人们不断地给自己贴上标签。在购物时，也希望能通过自己购买的这件产品来满足自我标签属性。例如某人在音乐软件上购买了一张数字专辑，并将其分享至朋友圈，一方面他想通过这件事来向朋友圈展示自己的爱好/品味，或许能因此收获志趣相投的朋友；另一方面，他通过这种方式在朋友圈巩固自己的人设，例如文艺青年、潮流青年等。

（三）推广重点

企业在这一阶段应当做好互惠，人们享受了回报的乐趣才更愿意给予。无论是化妆品专柜赠送的小样，餐厅附赠的优惠券，还是酒店的小礼物，都是为了吸引和劝说顾客反复购买及分享而设置的。再有就是通过现在大众喜闻乐见的广告内容，制造舆论，形成固定消费群体。一旦这个模式形成就会由大众进行人人分享，人们会自然地进行宣传，这样一来对于品牌或是企业都会省力。

企业在这一阶段需要做好分享路径。想要让消费者分享，就应当给消费者一种分享的舒适感。在消费者完成购买之后，应设置便捷有力的分享路径，让分享可以通过最简单的步骤完成，提高消费者满意度，形成长尾效应。

（四）案例分析

2019年1月17日晚上，一个名叫《啥是佩奇》的视频在朋友圈、微博上火了。这个时长5分40秒的广告视频是贺岁片《小猪佩奇过大年》先导片，讲述了一个农村老人在春节前给3岁的孙子准备礼物的故事——啥是佩奇？李玉宝老爷子问遍了全村，终于弄明白这个让城里的孙子惦记、全村人都不太知道的小猪是什么。不仅弄明白了是啥，他还用鼓风机为孙子做了一个"硬核佩奇"。

这个充满悬念又不失幽默的故事，从导演巧妙地设置爷爷不知道"啥是佩奇"开始，这种由信息沟通不畅带来的冲突感，就成了吸引观众看下去的"钩子"，同时制造了笑点：在村里的大喇叭广播问啥是佩奇，小卖部里的"佩琪"洗洁精、查字典找到的"佩戴""配种"、给活的小猪刷红漆……直到最后进城过年的爷爷拿出来他费心制造的"佩奇"——用烧火的风箱做的，也暗含了小猪佩奇长得像粉色吹风机的调侃，让网友不得不对这种想象力和创造力感叹。

这个视频利用了春节节点、回家过年、留守老人、城乡差距、亲情等一系列情感的共鸣点,让人们很快地带入到故事情节之中,笑中带泪,最后忍不住分享至朋友圈。这样的人人分享为这部电影带来了破亿的票房,分享者也在分享的过程中展现了自己对亲情的重视。

第二节 视频广告的推广策略

一、扩散型推广策略

(一)概念界定

扩散型推广策略就是通过扩散的形式进行推广互动。对于视频广告的推广我们可以采取最为直接简单的,且可以快速收到效益的方法。

在这个过程中,传播渠道能够在新事物和潜在的用户之间筑起一条通道,方便信息的传达与交换。若想扩散能够持续不断地进行,传播渠道是一个十分关键的因素。在需要可靠媒介的社会,选择有忠实用户且信任度高的平台是很有必要的。例如微博平台,能够快速地捕捉新事物发展动向,有足够庞大的用户群,且能够即时反馈,十分适合扩散型推广策略。在微博平台,我们可以进行快速的病毒式传播。

(二)策略特点

扩散型推广可以在传统的传播媒介上进行。传统的传播渠道有很多,其中比较传统也比较常见的有电视、广播、报纸、杂志等。此外,还有现今比较流行的,在某一电视剧或者电影中进行植入式广告。类似在一个电视剧中男女主人在家中看电视剧的时候,镜头转到电视上,出现在荧屏上的画面是另外一部电视剧或是一则广告视频,这时我们很难意识到这是一个植入广告,但因为有品牌露出,有些观众就会自然而然地联想到该品牌。这样并不明显的植入广告借助一部电视剧进行了大范围的扩散性推广。

(三)策略应用

在互联网技术飞速发展的当今,扩散型推广策略利用互联网的优势来进行传播,其中社交网络就是很好的传播渠道。在社交网络中,很多企业都会为自己的产品建立一个公共主页。在公共主页上,可以对产品做一个详细的介绍,让访问用户能够对该品牌或产品的功能一目了然;可以以现在比较流行的"转发+关注"参与抽奖,或以抢红包的方式来激发大家的参与热情,进行大规模的转发,吸引更多参与者。这些方式都能够在一定程度上提高用户关注度,加深大家对企业推广的视频广告的了解,以此来挖掘更多潜在用户。

此外,广大的用户群体也可以成为视频广告的传播媒介。当用户对一则广告满意或有兴趣的时候,他可能会在与他人聊天时提起,从而使更多的人知道该广告。从上述内容中可以发现,视频广告的传播渠道具有多样化的特点,而在传播渠道及策略上加以创新,对视频的扩散还是具有成效的。

二、区域型推广策略

(一)概念界定

区域型的消费者促销、广告宣传、终端促销等推广活动,是分支机构提高销售额或者推广品牌的重要工作,在区域营销计划中占有重要的内容。划分好站点,不同区域应有不同的推广策略,"因地制宜"进行区域型推广。

（二）策略特点

1. 客户地区

首先要了解是哪些地区，对目标消费者要求是否集中于某个地段，这些详细的数据有利于广告投放精准度。比如南方冬天是没有暖气供应的，那么把一个燃气广告投放到南方电视台，就没有必要；将一个甜豆花的广告视频投放到北方，即便有人喜欢和关注，那么大多数人呢？由于饮食习惯不同，广告的投放地点需要更加仔细斟酌。

2. 客户年龄

一般客户属于哪一年龄段的消费群体很重要。不同群体的客户，大数据是可以锁定的，为了提高广告效果，可以锁定客户群体进行投放。比如，一个药品的广告和一款奢侈品彩妆广告该如何进行区域投放？显而易见，药品营养保健品等系列广告哪些年龄层会更加关注？奢侈品彩妆系列又是哪一年龄层更加关注？一个好的视频广告如果划分错了年龄，那么再吸引人、立意再深刻，因选错了目标群体，所以对于品牌企业及广告都无法带来良好收益。

3. 客户性别

客户群体的角色也很重要，因此广告投放也要有侧重。产品及广告要积极地对不同性别群体进行更加细致的划分。例如剃须刀、口红。这两个最明显的广告视频，分清客户性别，有针对性地推广，会达到事半功倍的效果。

（三）策略应用

首先通过不同种类的广告，先用大数据进行特定地区、特定人群、特定爱好的锁定，再进行精准投放，提高曝光量。

其次是广告联盟，比如某些广告联盟可以针对某些特定地区的用户（根据 IP 获取地理位置）的功能设置，这样的设置会比较有针对性。

如果建立的站点，已经有一个站点在运营，建议找准站点行业的关键字进行优化。通过优化特定区域的关键词，带来客户的引流，可以起到积极的广告效果。

在地区性明显的论坛或者公众号上发布广告信息，可以带来一定的客户量。制定区域型推广策略有很多优点可述：第一更经济，以更少的成本投入实现大量的传播、更广泛的人群覆盖；第二更抢眼，成熟的广告形式更能抓住消费者眼球；第三更有效，能够直接送达区域目标人群的身边。第四更可控。在可控的区域投放资源，按区域目标组合使用。

三、权威型推广策略

（一）概念界定

权威型推广策略，从字面上理解就是有一定的业界或品牌专业程度的一种高等级手段去进行推广。我们可以通过一个广告案例来解释。这种权威的条件反射意识根植于每个人的内心深处，在文化层面和社会组织层面不断地强化人们对权威的服从意识，慢慢地就成为一种不假思索的条件反射，即对权威下意识的认同。

（二）策略特点

"巴菲特说一句话，大家都愿意听，不管他是否说对，就像经济危机的时候，巴菲特也可能没有把握，但是大家相信他，是因为人需要确定性，需要一个主心骨，告诉他什么是对的，什么是错的。"这就是权威存在的原因。

深层原因则源自我们童年的经历。小时候，父母和老师是权威，他们的一举一动对幼儿期儿童的心理产生深刻的影响，同时因为我们信任比我们年长的人。孩童没有太多的判断力所以要服从，要听话。很多小朋友小时候最大的理想就是成为老师这样的人，从小我们就被教导要听父母的话、听老师的话，只有听话才能得到奖励，不听话则会受到惩罚，由此养成了尊崇权威的心理。我们运用这一形式营造一个氛围，触及受众的内心，使他们信任我们。

长大了同样也是会遇到相同的问题，比如政府、法院、专家、媒体等。你会对他们产生权威心理，因为他们是掌握权力的一方，同时他们也是专业的。由于这些人或者组织处于优势地位，小时候的惯性依然存在，如果听从这些权威的话，可能不会出错，反之，则可能面临诸多问题。

另外，也源自搭便车的心理，因为有了权威指路，按照他们的方向去行动，就可以减少思考和努力，更快达成自己的目标。比如人们很少去质疑医生，因为他们是专业的，所以会产生盲从心理，即听从他们的意见。就正好契合了舒适达广告所要传达的效果。

（三）策略应用

舒适达牙膏广告——请来权威牙科专家进行说明，同时牙膏也通过了专业认证。其中的经典广告语是：

（1）我建议使用舒适达牙膏，有效防止蛀牙。

（2）这是一款全新的、突破性的牙膏，舒适达专业修复牙膏，能够修复你牙齿敏感的部位。引起牙齿敏感的根本原因，就是牙齿上这些小洞的出现。外界的这些冷的刺激，会通过牙齿上的小洞，引起牙齿敏感。舒适达专业修复牙膏，它含有 Nova Min 专利技术，会释放和我们牙齿相同的天然成分，修复牙齿敏感部位。我建议舒适达修复牙膏，这是一种全新的突破。

（3）舒适达牙膏，真正修复敏感牙齿。

（4）舒适达，全新速效抗过敏。

运用医者专业的经验水平，在专业权威上说服消费者信赖该品牌产品，这是一种劝服性。同时广告语中提到专利技术，这里就和标题中的"权威型推广策略"有着一致的含义。

舒适达的一系列广告都是以这样的形式进行宣传推广，借助专业人士进行宣传，这样的方式对一个视频广告作品是有益的，这也是广告推广中的一个巧妙方式。现代社会，人们相信权威，对于一款不太熟悉或者没听说过的品牌或产品，第一印象是半信半疑的。但要通过权威型方式进行介绍，人们会在心理上有一种认可，哪怕是存在疑惑，也会想去搜索了解，那么就已经成功一半了。同样，这种手段，在推广策略中也是必不可少的。

四、垂直型推广策略

（一）概念界定

垂直性推广策略就是该品牌的商品或是该企业所围绕的主题贯穿始终，他们执着于推出一种类型的商品，并且针对这一个商品进行推广延伸，可以说重心单一却是精益求精的一种模式。简单来说可以把垂直想象成一根棍子或一串羊肉串，上面的肉是产品，那么这一根竹签就是贯穿始终的工具。我们可以将其运用到视频广告推广中来，虽然是一条主线但却可以通过这种方式细分出消费者对此不同的感受和态度，是一种单一却精准的策略方式。

（二）策略特点

1. 长尾关键词挖掘

SEO（搜索引擎优化，通过了解各类搜索引擎抓取互联网页面、进行索引以及确定其对特定关键词搜索结果排名等技术，来对网页进行相关的优化，使其提高搜索引擎排名，从而提高网站访问量，最终提升网站的销售或宣传效果。搜索引擎优化对于任何一家网站来说，要想在网站推广中取得成功，搜索引擎优化都是至为关键的一项任务），一直是垂直类网站最重要的流量来源，不过垂直类网站与一般企业网站推广方式不同，网站不是靠主要关键词带来流量，而是依靠大量内页，通过长尾关键词带来流量，但也会出现一定的局限性。

2. 外链推广

外链就是指在别的网站导入自己网站的链接。导入链接对于网站优化来说非常重要。导入链接的质量（即导入链接所在页面的权重）间接影响了消费者在搜索引擎中点击网站的占比权重。

（三）策略应用

像"阿芙精油"这个品牌，消费者就没有表露出较强的排斥性。该品牌专心生产精油产品，所以想要搜索它的关键词就是"精油"。而通过长尾关键词搜索的话，该品牌会立刻出现，并十分醒目。这种方法十分适合一个品牌只专心生产一项产品或一类产品，同时通过视频广告进行推广。虽然阿芙的产品不只限于精油，但其口号以及宣传的关键词都聚焦于精油，比如，"阿芙，就是精油""阿芙的精油，就像农夫果园一般的定制，所以，好女人，用阿芙"等。不得不承认这个定位很聪明，极其准确，使得阿芙精油从一大堆同类化妆品品牌和网站中脱颖而出。

对于日化线精油及精油添加类护肤品来说，这个市场在中国还没有发展成熟。所以一提到精油，人们立刻会想到"阿芙精油"，就已经显示出他的成功推广。首先，消费者对精油产品功效、定价以及品牌等都不具有充分的认识，甚至是处于空白状态，此刻占领消费者心智第一领地至关重要，"阿芙，就是精油"将品牌与品类直接衔接，塑造品类代表形象。其次，正是因为市场还没有发育成熟，国外精油品牌虽然已经进入中国市场，但是还没有开始大规模地吸引消费者，而阿芙的网络宣传几乎是铺天盖地的。举个例子，连"精油"一词的百科里面出现的图片示例都是阿芙精油。正因为如此，阿芙的宣传推广不再会遇到特别有竞争力的对手。

大概 SEO 是目前获取高质量流量的最被推崇的一种方法了，因为成本会比较低，且目标客户比较明确，所以这是必须要做的一项工作。

另外，一个著名的品牌 Roseonly，是建立在实体店基础上的电子商务平台，作为实体零售的辅助，Roseonly 旨在通过利用其优势，通过最好的玫瑰，让玫瑰到你手里和在花园里一模一样的理念将虚拟经济和实体销售模式相结合。它的营销手段是不定期在更大视频网站进行对应的产品宣传片播放。

"一生只送一人"的网络高端花店，通过官方微信微博、明星效应的大肆宣传提高了知名度。以良好的口碑让客户主动在自己的微信、微博上帮助宣传。在此基础上，开启 Roseonly 的官方博客。品牌官网、天猫、京东、线下专卖店，均可购买。利用线上线下相结合的方式，加大销售渠道，使更多人了解 Roseonly。然而他们也利用链接在不同的搜索引擎以及对应的电商平台进行跨媒介的投入链接，进行外链推广。这样的优点是运用多种渠道，选取知名度、信任度、关注度高的几大媒介平台进行投放。"广撒网"的模式，让对于搜索引擎或是媒介平台使用偏好不同的各种群体都可以看到该品牌的链接，点击进入品牌界面，直接或转场似的观看该品牌视频。

这种方式对于一个专项性较为突出的视频广告有很大见效，人们不会因为方式多种、渠道多样而挑花眼。同时重复宣传也会在一定程度上让消费者产生固定的印象，对视频广告的推广产生一定的助益。

第三节　视频广告的投放策略

一、广告投放评估指标

判断广告效果好坏的关键指标有四个：到达率、记忆率、喜欢程度和影响购买意愿程度。

首先是到达率，即所有消费者中看到所投放广告的人群比例，也可以理解为该广告的播出让多少人看到了，浏览量有多大。看到这则广告的人数越多，就代表着能对这则广告产生印象的人也越多。影响到达率的主要因素有媒体、投放时间、投放频次等。因此，到达率经常被用于评价视频广告的投放效果。测量到达率的最简单方法就是让消费者再次看到广告，并询问消费者是否曾经在哪个媒体上看到过这则广告。到达率又被称为广告总认知度，它告诉我们多少人看到过该广告。

其次是记忆率，即所有消费者在没有任何提示的情况下能够回忆起某则广告的比例。记忆率又称无提示广告认知度，它告诉我们多少人记住了广告。广告只有被记住才有可能最大限度地影响消费者的购买决策。在现代社会，消费者每天看过的广告无以计数。消费者即便看过但也可能不记得，更别说对产品会有什么印象了。因此，唯有在制作上花心思才可以真正地吸引他们，从而让消费者对此广告印象深刻。是否能让消费者记忆深刻也是测试广告是否有新意的一个重要方法。影响广告记忆率的因素主要是广告创意水平。广告创意越新颖，消费者看过广告后就越有可能记住广告内容与所宣传的品牌。

再次是喜欢程度，即看过该广告的消费者表示喜欢这则广告的人群比例与喜欢水平。广告喜欢程度又称对广告的接受度，它告诉我们多少人喜欢看这则广告。研究表明，喜欢程度越高，影响消费者购买产品的可能性就越大，那么就可以更好达到我们的宣传目的。一般情况下，企业应该尽量投放那些制作精良且水平较高的广告，尽可能地让消费者喜欢自己的广告，这样的话，自然而然消费者购买的概率就会越大；但如果企业做不到让消费者喜欢自己的广告，那么企业一定要注意，千万不要投放那些让消费者可能产生讨厌或抵触情绪的广告，比如涉及敏感话题，容易引起歧义，带有歧视或偏见的内容。因为消费者一旦对广告表现出不喜欢的情绪，则会拒绝购买该产品。

最后是影响购买意愿程度，又称购买意向，它告诉我们有多少人看到广告后会去购买宣传的产品。一个广告的推出就是为了让消费者进行购买，企业从中获取收益，可以说这是绝大部分视频广告的最终目的。因此，一个广告的成功与否很大程度取决于消费者最后是否产生购买这一行为。广告的作用就是吸引消费者尝试购买所宣传的产品，那么现在有多少广告能够做到这一点呢？

当然，品牌、卖点、渠道、产品等因素也会对广告本身产生影响，但这些都不是评价广告的最核心指标，即便是形象广告也是如此。因此，在费用不足或者时间有限的情况下，如若对广告效果进行评价，应当首先考虑上述指标。如果时间充裕，经费充足，那么还需要考虑品牌、卖点、渠道以及产品本身等方面的影响。

二、广告投放策略类别

（一）集中投放式策略

1. 概念界定

集中投放式策略是指某一家企业或公司在特定区域、特定时间及特定媒体总量的限制之下，使广告投放产生一种挤出效应。企业在宣传规划时采取集中投放式策略，对于企业或者对产品来说，通过集中时间、集中方式等可以将整个宣传过程达到最佳效果。这种特定区域、特定时刻以及掌握特定的浏览量，都属于集中投放式策略。而过了这段时间后自然就会撤下。

2. 策略特点

下手狠、速度快、收益大、效果佳，需要特定时间、特定区域，以最大的数量进行投放。在集中的时间、集中的地点投放如此巨大数量的广告，可以第一时间增加曝光度和观看量，使得视频广告在短时间或特定时间内收获最大限度的浏览量。对于一些想缩短宣传时长，或想在短时间内收获较大利润和浏览量的企业，运用这种方式是十分适合的。这种高效性、时效性、集中性都十分突出的投放策略，在视频广告投放中也是必不可少的一项。

3. 策略应用

对于集中式投放策略，电视剧中的广告植入是十分符合这种投放策略的。电视剧中的产品植入也算是视频广告的一部分。每一部电视剧都会有相应的赞助商进行产品的广告投放，那么在这部电视剧播放的时期内，观众们会经常看到一个或者多个产品的宣传物样。我们可以举一个例子，例如《小别离》中主角所驾驶的汽车——凯迪拉克。此品牌在剧中不时出现，甚至有的剧情主角会去4s店内进行车辆的挑选，并有一名推销员进行汽车详情的介绍。与其说是剧情需要，不如说是品牌方为了能让观众更加了解该产品而做的间接性的广告植入。

（二）连续式投放策略

1. 概念界定

连续式投放策略又称时间连续策略，是指在销售某种产品期间，连续不断地推出该产品的广告，以求强化其产品在顾客中的印象，保持强大的促销攻势，提高产品在市场上的竞销能力。这种广告策略，主要适用于市场同类产品多、竞争激烈的各种消费品。由于顾客的可选择性强，竞争对手之间为争取顾客、抢占市场所进行的竞争，常常达到白热化的程度。

2. 策略特点

连续式投放策略集中持续地吸引消费者注意，且影响力大，并不断地进行重复投放。细水长流般将产品或者品牌渗透进消费者脑海中。让消费者对广告及产品有持续的热度，使消费者对产品产生"十分熟悉"的心理，从而激发购买欲望。连续式投放策略在当今的互联网上是十分常见的投放策略方式，媒介电商都会在特定时间或平常时间的突出时段进行连续式投放，反复出现，以达到消费者视觉连续接收的效果。该策略方式采用反复性的特点，联动性较强。这一策略更适用于一些成熟的企业或成熟的产品。这一类企业或产品的消费群体通常会关注同类的品牌或产品，因此在消费群里占据一定熟悉度，让消费者提到某个产品时就立马想到这一品牌。反复敲击消费群体的内心痛点，突出产品或品牌独有特点，不断重复和强调品牌理念，从而提升产品关注度与消费者熟悉度。

（三）间歇式投放策略

1. 概念界定

间歇式投放策略又称时间间歇策略，即对某种产品的广告登出时间有间断地持续进行，也就是集中刊登一段时间后，间隔一段时间，接着再集中刊登一段时间。这样的投放策略对应不同类型的消费群体。此类消费群体首先对于产品有一定的认知，但他们会根据不同的情况或是根据外界条件进行产品的比对之后再进行选择。所以说相较于前两种，这种投放策略要酌情选择，不能随意实施。

2. 策略特点

适合于一年中需求波动较大的产品和服务。耗费时间短、预算相比其他策略低，计划时间灵活性高。这种间歇式的广告投放策略其目的显然不再只是产品本身信息的传达，而是负担着唤醒消费者与产品之间的情感沟通。从消费者的大脑记忆与情感遗忘程度曲线上看，在没有任何提醒的情况下，每隔三个星期，消费者对产品与品牌的记忆度与情感度就会下降2%~5%。如果企业在此时没有进行相关的广告投放，其他品牌的产品就可能乘虚而入。

第四节　视频广告的投放效果

一、投放效果监测

（一）监测目的

1. 绩效反馈

所谓绩效反馈，是指一个业务或是工程在系统完美收工之后，会有相应的检测手段和技术进行监制，进行成绩和效果的反馈。将它的整体过程拆分成前期、中期、后期三部分，每一部分进行步骤细分，着重调查监测三大部分的重点受益和短板，这样就可以详细地掌握每个步骤中有哪些方法和要点适合视频广告的推广，有哪些短板和缺失是在投放推广过程中没有考虑周到和不适合视频广告推广的。汲取能产生良好的成绩部分的经验，找出不符合预期的部分进行详细的效果分析。相当于整个工程的收尾工作，为之后的长期工作奠定基础，而绩效反馈也是在推广视频广告中对于消费者的一个反馈和具体分析。将消费者的整体态度结合上视频广告投放进行系统优化分析，达到良好的整体反馈，更加准确具体地了解消费者对视频广告的评价，明确不同步骤所对应的消费者的态度。

2. 投放策略的优化

策略的优化就是将一个整体的工作流程整合并细分不同程度进而进行调整。通俗讲就是查缺补漏，整个策略中优良的部分要吸收和继续完善，短板和不足的部分商讨后找准切入点进行填补，找到关键点加以改进。通常这个步骤是整个策划推广工程中最后一步，也会请一些专业人士进行优化改良，对于整体的工作流程提出相应的建议。

（1）目标：考核目标是什么，对推广需求进行方向优化，以此明确推广目的、推广位置和平台。

（2）公司：根据公司不同产品线收益情况、消费者属性等，优化推广品类，便于搭建账户后分配预算和出价。

（3）产品：根据产品定位、卖点、消费者特点，优化广告创意和定向。

（4）行业：根据竞争对手特征、竞品卖点，构思文案方向，是否选择卖点差异化或同一卖点增加促销折扣等方式竞争。

（二）监测研究手段

1. 单一变量测试法

影响销售的因素很多，仅广告的传播方式而言，就有广播、电视、报纸等几十种。为测试方便起见，可将变量因素尽量减少，在测试后再衡量广告所产生的效益。单一变量测试法是一种分区比较法，这种方法也是最省事耗费较低的一种。但该方法的精准度可能不是很高，主要因素只有单一的变量，对于工期短、急于收益反馈的可以选择这种方法。例如，如果单以视频广告作为测试目标，则可选定两个市场地区，两个区域分两种方式进行测试，一个地区放所需要测试的视频广告，而另一地区则不播放。注意要选定同一时间开始，同一时间结束。同时也可以适当地在预定试验期内测试其销售情况变化，并对两区进行比较，从而得出广告的促销效益。在这种测试中，试验区的选择至关重要,直接关系到测试结果的准确与否。原则上,作为测验区和比较区的两个区域,在人口、地区大小、地理位置、社会经济发展水平以及销售渠道和传播媒介的作用等各方面都应趋于一致。

2. 多种变量测试法

多种变量测试法和单一变量测试法大同小异,只是变量增加、项目较繁而已。以传播媒介为例,仅以报纸、广播、杂志、电视四大媒介为变量,而作为视频广告的测试,更需要凭借它当时在哪个媒介平台上进行投放,或是有计划的选择,都需要精准细致的掌握。对这些不同区域进行测试,即可反映出不同区域的广告促销与媒介的关系,从而对改进媒介策略提供意见。在随后的进一步推广,进行有针对性的改革。这样的方法是具有长远性的,可以作为长期监测手段,在品牌企业中长期采用测试,有助于系列广告的测量。但是,不管用单一变量测试法,还是用多种变量测试法,其测试结果都不是绝对准确的。因此,对广告效果的评定必须结合其他方法来进行。

3. 消费者心理评估法

(1)创意定性研究。评估指标包含:广告创意方向、创意概念、创意手段和创意脚本。

(2)定量研究。可做小范围的广告定量测试,理解广告对目标群的吸引力和说服力、广告片是否能达到预期效果、对进一步微调广告片的建议方向等。

(3)定期定量追踪。(广告投放周期内)追踪广告对不同人群说服力的变化、动态市场的及时监控等。

(4)了解记忆程度。通过无提示行为和直接或间接提示行为来测试消费者对广告的记忆程度,用这两种方式得出投放效果的结论以及对消费者有何影响。而通过无提示行为唤起记忆,或是消费者直接说出广告的占比越大,就说明我们的推广效果越成功。

（5）分析购买唤起。调查最终的购买程度，到底有多少人因为我们的推广而去进行购买。

二、投放效果评价

（一）广告投放效果评估的因素

广告投放效果需要从多角度、多方面去考察。一般来说，广告投放效果的主要特性有以下两个。

1. 累积性

从时间上来说，一则视频广告对用户产生影响的时间可能是即时的、短期的或者是长期的，这种累积效应的大小与广告的质量、投放计划以及投放对象对接等密切相关。这些因素与预期对象要相符合，就会有可观的收获量，否则就是无效。

2. 复合性

广告产生的效果并不是单一的，而是复合性的，包括经济效果、社会效果和消费者心理效果等。正如上述章节所提到的，如何选择投放场地、投放形式、投放时间等都要进行准确定位。与此同时，最为关键的还是围绕消费者的心理进行重点分析等，这些需要统一考量。

（二）广告投放效果评估的原则

1. 广告信息

广告的内容和诉求方式是评估广告投放效果的基础和主要内容，也是影响广告效果的重要因素。这里提到的广告信息就是广告的大体内容方向，以广告的主要表现形式为主。视频广告的创意表现效果分别有夸张手法、对比手法、幽默手法、意境式手法、悬疑式手法等。可以根据不同的视频广告来选择适合的内容信息，再根据相应的诉求选择信息与消费者进行对应。

2. 广告代言人

代言人对广告效果有着重要影响，代言人的公信力、知名度、影响力、形象和调性等因素都对广告效果有着直接或间接的影响。

3. 投放渠道

广告投放的渠道是否合适、投放的频率和计划投放预算等都在一定程度上影响广告的投放效果。有关渠道的选择还是考虑该品牌或企业有没有足够的资金支持，中等以上企业或知名度较高有一定流量的产品，就可以着重选择在商业化密集或CBD的商区进行投放推广。中小型企业可以根据自身的实力选择人流相对密集的地区进行投放。

（三）广告投放效果评估的步骤

评估广告投放效果需要遵循一定的评估原则，主要有以下两个原则。

（1）相关性原则。相关性原则即广告评估的内容要和广告的目标相关，比如广告的目标是在已有市场上扩大销量，那么评估的内容应该是用户的实际购买行为。

（2）有效性原则。有效性原则即需要使用科学的、具体的、准确的数据来评估广告效果，只有通过多方面考察才能得出准确有效的结论。

1. 媒体投放同时监测

此方法在广告播出时测定与评估消费者对广告的反应，这对视频广告特别有效。其最大特征是测验一般电视节目播出24小时后，在最自然的收视环境中（例如家中）的广告吸引力。当今的广告市场，有植入型广告，也有创意中插，这些都属于视频广告，还有就是传统媒体下的视频广告。

普遍的测定方法是电话访问或是调查问卷——用以确认广告信息是否达

到正确的目标市场，以获知资讯如何传播以及传播了什么资讯。通过反映广告商品品牌的正确指认能力，将获取的分数比较，以确定测试广告是成功还是失败。

2. 销售效果监测和评估

虽然我们一直强调广告推广之传播效果，但广告方也常以销售或行销资讯作为评估的依据。其依据主要为内部销售资料和资料供应的专案研究。

内部销售资料常用来帮助了解产品销售是否与广告推广发生回应。此种效果可以与前期作比较，主要针对某品牌所制定之销售目标。资讯来源于经纪人或推销人员之报告。

（四）广告投放效果评估的特性

广告投放效果评估分为前期评估、中期评估和后期评估三个步骤。

1. 广告投放前期评估

主要是对历史投放效果、媒体选择策略、目标用户行为和竞品广告投放策略等进行分析评估。结合之前的视频广告推广策略，吸收其精华和优势，整合并适当地运用到本次投放策略中，根据具体情况进行适当调整，同时不要盲目借鉴，要针对现有的策略内容对优劣势进行补充和剔除。

2. 广告投放中期评估

主要是对广告投放数据进行监测，推算哪个渠道、哪些原因、哪个密集场地或广告内容对受众产生何种效果能让广告关注量大增。

3. 广告投放后期评估

主要是做一个全面科学的评估，评估内容包括广告覆盖的规模、投放效率、资源利用率、目标达成率等。总的来说，是优化整合加测评。

(五)广告投放效果评估的意义

1. 广告投放效果评估的意义之一

在于检验原来制定的广告计划是否合理,目标方向是否正确,是否适合这一次的项目策划,以及在执行时的具体实施细节是否准确到位。

2. 广告投放效果评估的意义之二

在于能够了解广告制作的水平,明确广告创意是否足够吸引消费者、广告主题是否足够突出,对消费者是否起到了良好的吸引作用与回馈作用,以及有没有达到广告主或企业的预期收益。

3. 广告投放效果评估的意义之三

在于客观地监测广告的收益,获取广告主的信息,从而更好地安排和制定广告预算,并对日后的其他策划制订及推广计划有一定的帮助。